2024 中财传媒版
年度全国会计专业技术资格考试辅导系列丛书·*注定会赢*®

经济法基础速刷 360 题

财政部中国财经出版传媒集团　组织编写

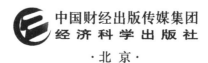
中国财经出版传媒集团
经济科学出版社
·北京·

图书在版编目（CIP）数据

经济法基础速刷 360 题/财政部中国财经出版传媒集团组织编写. -- 北京：经济科学出版社，2024.1

（中财传媒版 2024 年度全国会计专业技术资格考试辅导系列丛书. 注定会赢）

ISBN 978 - 7 - 5218 - 5529 - 6

Ⅰ. ①经…　Ⅱ. ①财…　Ⅲ. ①经济法 - 中国 - 资格考试 - 习题集　Ⅳ. ①D922.290.4

中国国家版本馆 CIP 数据核字（2024）第 003153 号

责任校对：李　建
责任印制：邱　天

经济法基础速刷 360 题

JINGJIFA JICHU SUSHUA 360 TI

财政部中国财经出版传媒集团　组织编写
经济科学出版社出版、发行　新华书店经销
社址：北京市海淀区阜成路甲 28 号　邮编：100142
总编部电话：010 - 88191217　发行部电话：010 - 88191522
天猫网店：经济科学出版社旗舰店
网址：http://jjkxcbs.tmall.com
北京鑫海金澳胶印有限公司印装
787×1092　16 开　8.5 印张　190000 字
2024 年 1 月第 1 版　2024 年 1 月第 1 次印刷
ISBN 978 - 7 - 5218 - 5529 - 6　定价：36.00 元
（图书出现印装问题，本社负责调换。电话：010 - 88191545）
（打击盗版举报热线：010 - 88191661，QQ：2242791300）

前　　言

　　2024 年度全国会计专业技术初级资格考试大纲已经公布，辅导教材也已正式出版发行。与上年度相比，新考试大纲及辅导教材的内容发生了较大变化。为了帮助考生准确理解和掌握新大纲和新教材的内容、顺利通过考试，中国财经出版传媒集团本着对广大考生负责的态度，严格按照新大纲和新教材内容，组织编写了中财传媒版 2024 年度全国会计专业技术资格考试辅导"注定会赢"系列丛书。

　　该系列丛书包含 7 个子系列，共 14 本图书，具有重点把握精准、难点分析到位、题型题量丰富、模拟演练逼真等特点。本书属于"速刷 360 题"子系列，每本书设计了 360 道极具参考价值的习题，其题型和难易程度均依照考试真题设计，每道试题附有参考答案及解析，全书通过刷基础、刷提高、刷易错、刷通关，帮助考生强化知识点、精准训练、夯实基础，增强考生的应考冲刺能力。

　　中国财经出版传媒集团为购买本书的读者提供线上增值服务。读者可通过扫描封面下方的"注定会赢"微信公众号二维码下载"中财云知"App，免费享有前导课、知识点串讲、学习答疑、每日一练等服务。

　　全国会计专业技术资格考试是我国评价选拔会计人才、促进会计人员成长的重要渠道，也是落实会计人才强国战略的重要措施。希望广大考生在认真学习教材内容的基础上，结合本丛书准确理解和全面掌握应试知识点内容，顺利通过考试，不断取得更大进步，为我国会计事业的发展作出更大贡献！

　　书中如有疏漏和不当之处，敬请批评指正。

财政部中国财经出版传媒集团

2023 年 12 月

目　　录

第一部分

速 刷 题

第一章 总 论

刷基础

1.（单选题）国务院在职权范围内为实施宪法和法律而制定、发布的规范性文件是（   ）。
  A. 行政法律
  B. 行政法规
  C. 部门规章
  D. 单行条例

2.（单选题）下列各项中，不可以成为法律关系主体的是（   ）。
  A. 甲有限责任公司
  B. 乙市税务局
  C. 未满 16 周岁的游泳运动员小徐
  D. 家庭智能机器人小满

3.（单选题）下列各项中，属于法律行为的是（   ）。
  A. 甲的妻子病逝
  B. 乙的女儿出生
  C. 丙的房屋因地震倒塌
  D. 丁驾车违规被罚款

4.（单选题）下列各项中，属于法律事实中法律事件的是（   ）。
  A. 张某与甲公司签订劳动合同
  B. 甲公司向乙公司发出催款通知书
  C. 张某代理甲公司与丙公司签订出租设备的合同
  D. 张某出差途中突发心脏病死亡

5.（单选题）下列各项中，不属于民事法律责任的是（   ）。
  A. 返还财产
  B. 停止侵害
  C. 排除妨碍
  D. 限制从业

6.（单选题）下列各项中，属于非营利法人的是（   ）。
  A. 甲个人独资企业
  B. 乙慈善基金会
  C. 丙居民委员会
  D. 丁商业银行

7.（单选题）下列关于法的本质与特征的表述中，不正确的是（   ）。
  A. 法是由国家制定或认可的规范
  B. 法是社会成员共同意志的体现
  C. 法由统治阶级的物质生活条件所决定
  D. 法凭借国家强制力的保证获得普遍遵行的效力

8.（单选题）下列法的渊源表述中正确的是（　　）。
    A. 宪法由国家最高立法机关即全国人民代表大会及其常委会制定，是国家的根本大法
    B. 法律的法律效力和地位仅次于宪法，是制定其他规范性文件的依据
    C. 国务院各部、委员会、中国人民银行、审计署和具有行政管理职能的直属机构，可以根据法律和国务院的行政法规、决定、命令，在本部门的权限范围内，制定行政法规
    D. 我国签订和加入的国际条约对于我国的国家机关、社会团体、企业、事业单位和公民也有约束力，所以属于国内法

9.（多选题）关于适用法的效力原则的下列说法中，正确的有（　　）。
    A. 上位法的效力优于下位法
    B. 特别法优于一般法
    C. 新法优于旧法
    D. 根本法优于普通法

10.（多选题）下列各项中，可以成为我国经济法律关系客体的有（　　）。
    A. 个人信息　　　　　　　　B. 天然气
    C. 外观设计　　　　　　　　D. 网络虚拟财产

11.（多选题）法律事实是指由法律规范所确定的，能够直接引起法律关系发生、变更或者消灭的情况。下列各项中，属于法律事实的有（　　）。
    A. 甲市政府发布疫情高风险区域公告
    B. 乙公司申请延期缴纳税款
    C. 丙得知自己患肝癌晚期订立遗嘱
    D. 丁地遇高温干旱农民粮食欠产

12.（多选题）下列关于法人的表述中，正确的有（　　）。
    A. 甲股份有限责任公司是营利法人
    B. 国务院财政部是机关法人
    C. 城市居委会是特别法人
    D. 城镇农村的合作经济组织是营利法人

13.（多选题）下列各项中，属于无行为能力人的有（　　）。
    A. 不满8周岁的未成年人
    B. 8周岁以上的不能辨认自己行为的未成年人
    C. 不能辨认自己行为的成年人
    D. 不能完全辨认自己行为的成年人

14.（多选题）下列各项中，可以成为法律关系主体的有（　　）。
    A. 甲合伙企业　　　　　　　B. 乙有限责任公司
    C. 丙国家机关　　　　　　　D. 外国人亨利

15.（判断题）合法行为才能引起相应的经济法律关系产生、变更或终止。（　　）

16. （判断题）小华 9 周岁，参加书画比赛获得二等奖及奖金 200 元，因小华是未成年人，他可以单独领取奖状，不得单独领取奖金。（　　　）

17. （判断题）醉酒的人犯罪，应当负刑事责任。但可以从轻、减轻处罚。（　　　）

刷提高

18. （单选题）根据法的空间效力理论，在没有法律特别规定的前提下，在全国范围内有效的法是（　　　）。
    A. 单行条例
    B. 地方性法规
    C. 特别行政区法
    D. 行政法规

19. （单选题）把法律行为划分为自主行为与代理行为，是根据（　　　）来划分的。
    A. 行为的法律性质
    B. 行为是否通过意思表示
    C. 行为人取得权利是否需要支付对价
    D. 主体实际参与行为的状态

20. （单选题）下列各项中，可以成为知识产权客体的是（　　　）。
    A. 商标
    B. 生产经营行为
    C. 股票
    D. 物质生产资料

21. （单选题）下列关于自然人民事行为能力的表述中，正确的是（　　　）。
    A. 10 周岁的小明不得接受舅舅赠送的新型华为手机
    B. 15 周岁的小周可以向受灾地区捐款
    C. 张某大学毕业后可以与所聘公司签订劳动合同
    D. 王某出生时因意外导致脑瘫，但有极高的绘画天赋，因此与某杂志社签订了杂志文章插画的合同

22. （多选题）下列表述中，在我国局部地区有效的法有（　　　）。
    A. 地方性法规
    B. 部门规章
    C. 民族自治条例
    D. 特别行政区法

23. （多选题）下列行为中属于非意思表示行为的有（　　　）。
    A. 张三在出租车上拾得上一乘客遗落的手机
    B. 李四在自家宅基地下发现一罐银元
    C. 王五放弃父母财产的继承权
    D. 赵六收到店家重复发货的西服

24. （多选题）甲、乙、丙三人共同投资设立丁有限责任公司（以下简称"丁公司"），丁公司经营期间出现（　　　）情形可以解散。
    A. 公司章程规定的存续期间届满
    B. 公司破产

C. 公司合并或者分立

D. 公司依法被吊销营业执照

25. （多选题）根据相关法律规定，法人设立人的责任承担的下列表述中错误的有（　　）。

A. 设立人为设立法人从事的民事活动，其法律后果由设立人承受

B. 设立人为设立法人从事的民事活动，其法律后果由法定代表人承受

C. 法人未成立的，其法律后果由设立人享有连带债权，承担连带债务

D. 设立人为设立法人以自己的名义从事民事活动产生的民事责任，第三人有权选择请求法人或者设立人承担

26. （多选题）甲股份有限责任公司的董事会作出的下列决议中，公司股东可以请求人民法院撤销的有（　　）。

A. 公司董事会作出决议的会议召集程序违反法律、行政法规的规定

B. 公司董事会作出决议的表决方式违反法律、行政法规的规定

C. 公司董事会作出决议的内容违反公司章程的规定

D. 公司董事会作出决议解聘公司财务总监

27. （多选题）对于已满 12 周岁不满 14 周岁的人，下列犯罪中应当负刑事责任的有（　　）。

A. 故意杀人　　　　　　　　　B. 故意伤害罪致人死亡

C. 抢劫　　　　　　　　　　　D. 贩卖毒品

28. （判断题）法定代表人因执行职务造成他人损害的，由法人承担民事责任。法人承担民事责任后，依照法律或者法人章程的规定，可以向法定代表人追偿。（　　）

29. （判断题）已满 12 周岁不满 14 周岁的人，犯故意杀人、故意伤害罪，致人死亡或者以特别残忍手段致人重伤造成严重残疾，情节恶劣的，应当负刑事责任。（　　）

30. （判断题）我国法律对人效力采用的是结合主义原则，即以属地主义为主，但又结合属人主义与保护主义的一项原则。（　　）

刷易错

31. （单选题）下列自然人负刑事责任的说法中，正确的是（　　）。

A. 已满 75 周岁的人犯罪的，可以从轻或者减轻处罚

B. 醉酒的人犯罪，应当负刑事责任

C. 聋哑人或者盲人犯罪，应当从轻、减轻或者免除处罚

D. 间歇性的精神病人在精神正常的时候犯罪，应当负刑事责任，但是可以从轻或者减轻处罚

32. （单选题）下列行政责任形式中，属于行政处罚的是（　　）。

A. 管制　　　　　　　　　　　B. 罚金

C. 没收财产　　　　　　　　　　　　　D. 行政拘留

33. （多选题）下列有关法律责任的表述中，正确的有（　　　）。

A. 数罪并罚是指国家审判机关对同一犯罪人数项犯罪行为可以实施主刑和附加刑相结合的刑事责任方式

B. 甲公司可以要求违约的乙公司继续履行合同并支付违约金

C. 丙会计因编制虚假财务会计报告，被主管机关处以5年内不得从事会计工作的处罚

D. 罚款是刑事责任；罚金是行政责任

34. （判断题）法人的分支机构以自己的名义从事民事活动，由该分支机构承担，不足以承担的，由法人承担。（　　　）

刷通关

35. （单选题）下列自然人中，属于限制民事行为能力人的是（　　　）。

A. 16周岁的李某是部队文工团团员，每月固定津贴是主要生活来源

B. 20周岁的周某，有间歇性精神障碍且不能辨认自己的行为

C. 7周岁的王某

D. 14周岁的张某是省跳水队现役运动员，每月固定工资是主要生活来源

36. （单选题）小张和甲房屋中介公司签订房屋租赁合同，租期2年；约定月租金5 000元，按季度支付，每季度第一个月10日前支付。由此形成的法律关系的主体是（　　　）。

A. 租赁合同　　　　　　　　　　　　　B. 年租金6万元

C. 租期2年　　　　　　　　　　　　　D. 小张和甲公司

37. （单选题）下列法律责任形式中，属于民事责任的是（　　　）。

A. 支付违约金　　　　　　　　　　　　B. 开除

C. 拘役　　　　　　　　　　　　　　　D. 通报批评

38. （多选题）下列规范性文件中，属于规章的有（　　　）。

A. 国务院发布的《总会计师条例》

B. 天津市政府发布的《天津市道路交通安全责任规定》

C. 中华人民共和国财政部发布的《会计人员管理办法》

D. 吉林省人大常委会发布的《吉林省安全生产条例》

39. （多选题）关于适用法的效力，下列说法中正确的有（　　　）。

A. 自治条例和单行条例依法对法律、行政法规、地方性法规作变通规定的，在本自治地方适用自治条例和单行条例的规定

B. 行政法规之间对同一事项的新的一般规定与旧的特别规定不一致，不能确定如何适用时，由全国人民代表大会常务委员会裁决

C. 同一机关制定的法律、行政法规、地方性法规、自治条例和单行条例、规章，特别规定与一般规定不一致的，适用特别规定

D. 下位法与上位法冲突时，以上位法为据，不再适用下位法

40. （多选题）下列选项中，属于法律关系客体的有（　　）。

A. 房屋　　　　　　B. 矿藏　　　　　　C. 飞机　　　　　　D. 数据

41. （判断题）当地方性法规与部门规章之间对同一事项的规定不一致，不能确定如何适用时，由国务院决定适用地方性法规或是部门规章。（　　）

42. （判断题）法人分立的，其权利和义务由分离后的法人享有连带债权，承担连带债务。（　　）

第二章 会计法律制度

刷基础

43. （单选题）甲公司的下列会计工作中，出纳人员陈某可以兼任的工作是（   ）。

    A. 应收账款明细账的登记
    B. 无形资产明细账的登记

    C. 会计档案保管
    D. 债权债务账目登记

44. （单选题）甲公司业务经理王某在向乙广告公司支付了当年的广告费后取得的发票是（   ）。

    A. 结算凭证
    B. 原始凭证
    C. 记账凭证
    D. 一次凭证

45. （单选题）下列关于原始凭证的说法中，正确的是（   ）。

    A. 从外单位取得的原始凭证，必须盖有填制单位的公章和法定代表人的签章

    B. 自制原始凭证必须有经办人的签名

    C. 支付款项的原始凭证，必须有收款单位和收款人的收款证明

    D. 原始凭证不得更改

46. （单选题）财务会计报告不包括（   ）。

    A. 总账
    B. 会计报表

    C. 会计报表附注
    D. 财务情况说明书

47. （单选题）单位在进行会计核算等过程中接收或形成的，记录和反映单位经济业务事项的，具有保存价值的文字、图表等各种形式的会计资料是指（   ）。

    A. 会计凭证
    B. 会计账簿
    C. 会计档案
    D. 财务会计报告

48. （单选题）甲公司会计人员在审核业务人员乙取得的付款发票时，发现金额记载错误，正确的处理方法是（   ）。

    A. 将发票退回业务人员乙
    B. 向会计主管报告，由其决定处理方法

    C. 要求出具单位重开
    D. 由公司会计人员代为更正

49. （单选题）关于会计凭证的保管，下列说法中，不正确的是（   ）。

    A. 对于数量过多的原始凭证，可以单独保管

    B. 对于经济合同，应当另编目录单独登记保管

    C. 外来原始凭证如有遗失，经本单位会计机构负责人、会计主管人员和单位领导人批准后，可以用原开出单位盖有公章的证明或当事人的情况说明弥补

    D. 原始凭证不得外借，其他单位如确实需要使用时，经本单位会计机构负责人批准，可以复制

50. （单选题）下列关于企业会计人员登记会计账簿的规则的表述中，正确的是（   ）。

    A. 会计账簿应当按照连续编号的页码顺序登记

    B. 会计账簿应当按照业务发生的顺序登记

    C. 会计账簿记录发生错误应当按照企业内部规定的方法更正并由会计人员和会计主管人员更正处盖章

    D. 会计账簿记录发生隔页、缺号、跳行的，应当按照国家统一的会计制度规定的方法更正，并由单位负责人在更正处盖章

51. （单选题）下列关于结账的要求中，不正确的是（   ）。

    A. 结账前，必须将本期内所发生的各项经济业务全部登记入账

    B. 结账时，应当结出每个账户的期末余额

    C. 年度终了结账时，所有总账账户都应当结出全年发生额和年末余额

    D. 年度终了，把各账户发生额结转到下一会计年度

52. （多选题）下列经济业务事项中，应当办理会计手续，进行会计核算的有（   ）。

    A. 单位劳动用工的变化   B. 款项的收付

    C. 债权债务的发生和结算   D. 资本的增减

53. （多选题）根据会计法律制度的规定，下列各项中，属于企业财务会计报告组成部分的有（   ）。

    A. 总账   B. 会计报表

    C. 会计报表附注   D. 记账凭证

54. （多选题）根据会计法律制度的规定，关于会计档案保管的下列选项中，正确的有（   ）。

    A. 当年形成的会计档案，在会计年度终了后，可由单位会计管理机构临时保管 1 年

    B. 单位会计管理机构临时保管会计档案最长不超过 3 年

    C. 临时保管期间，会计档案的保管应当符合国家档案管理的有关规定，且出纳人员不得兼管会计档案

    D. 各单位的预算、计划、制度等文件材料按照会计档案的保管规定保管

55. （多选题）根据会计法律制度的规定，下列属于企业内部监督的控制措施有（   ）。

    A. 不相容职务分离控制   B. 授权审批控制

    C. 会计系统控制   D. 财产保护控制

56. （多选题）根据《会计法》的规定，必须设置总会计师的单位有（   ）。

    A. 甲国有独资有限责任公司   B. 乙国有资产控股股份有限责任公司

    C. 丙上市公司   D. 乙村镇集体企业

57. （多选题）甲企业会计主管张某离职与接手的李某办理工作交接。下列有关办理移交的表述中，正确的有（   ）。

A. 张某办理交接手续应当由甲企业负责人监交

B. 张某必须将全部财务会计工作、重大财务收支和会计人员的情况等，向李某详细介绍

C. 未办清交接手续前，未经甲企业同意张某不得离职

D. 李某应继续使用移交前的账簿，不得擅自另立账簿，以保证会计记录前后衔接、内容完整

58.（判断题）因有与会计职务有关的违法行为被依法追究刑事责任的人员，5 年内不得从事会计工作。（　　）

59.（判断题）单位会计记录的文字应当使用中文，经财政部门批准可以使用当地通用的一种民族文字或外国文字。（　　）

刷提高

60.（单选题）甲公司出纳人员张某因工作调动须办理会计工作移交。甲公司下列人员中，依法负责监督张某办理交接手续的是（　　）。

A. 甲公司人力资源部门负责人赵某

B. 甲公司会计机构负责人王某

C. 甲公司法定代表人李某

D. 甲公司档案保管部门负责人刘某

61.（单选题）关于登记账簿错误的更正，下列表述中不正确的是（　　）。

A. 登记账簿错误的，记账人员不准涂改、挖补、刮擦

B. 对于文字错误，记账人员更正时可以只划去错误的部分，由记账人员在更正处盖章

C. 对于数字错误，记账人员更正时只需更正其中的错误数字，由记账人员在更正处盖章

D. 由于记账凭证错误而使账簿记录发生错误的，应当按更正的记账凭证登记账簿

62.（单选题）甲个人独资企业经营规模较小，未配备会计人员，需要委托代理记账。其可以选择的代理记账机构是（　　）。

A. 乙注册会计师　　　　　　　　B. 丙大学讲师

C. 丁会计师事务所　　　　　　　D. 戊退休会计人员

63.（单选题）下列属于会计工作的 5 年禁入期的是（　　）。

A. 有故意销毁会计凭证、会计账簿、财务会计报告等违法行为被依法追究刑事责任的人员

B. 有故意销毁依法应当保存的会计凭证、会计账簿、财务会计报告等违法行为的人员

C. 有提供虚假财务会计报告，做假账，隐匿等违法行为被依法追究刑事责任的人员

D. 有违反国家统一的会计制度的一般违法行为，情节严重的人员

64. （单选题）根据会计法律制度的规定，下列属于会计工作社会监督的是（　　）。

A. 市财政部门监督甲公司的会计行为

B. 乙基金会会计机构审核收到的原始凭证

C. 县税务机关检查戊企业的涉税会计资料

D. 丙会计师事务所审计丁公司的年度财务会计报告

65. （多选题）下列选项中，不得销毁的会计档案有（　　）。

A. 保管期满但未结清的债权债务原始凭证

B. 涉及其他未了事项的原始凭证

C. 财务会计报告

D. 会计档案保管清册

66. （多选题）某公司将库房的租金收入另设账簿进行核算，以给职工解决福利问题。该相关人员应承担的法律责任有（　　）。

A. 责令限期改正

B. 直接责任人处 2 000 元以上 2 万元以下的罚款

C. 对单位并处 3 000 元以上 5 万元以下的罚款

D. 直接责任人处 2 000 元以上 5 万元以下的罚款

67. （判断题）以虚假的经济业务为前提来编制会计凭证和会计账簿的行为是变造。（　　）

68. （判断题）王某设立个人独资企业，企业规模不大没有设置会计机构，也没有配备专职会计人员。委托其在大学学习的财会专业的儿子代为记流水账。（　　）

69. （判断题）对外报送的财务会计报告应当由单位总会计师、主管会计工作的负责人、会计机构负责人（会计主管人员）签名并盖章。（　　）

70. （不定项选择题）张某和李某于 2023 年 12 月共同投资设立甲眼镜公司（以下称甲公司），当月领取营业执照并办理了相关的税务登记；依法设置了会计账簿。

要求：根据会计法律制度的规定，不考虑其他因素，分析回答下列问题。

（1）甲公司因其规模小业务简单，在下列有关会计机构设置中，正确的是（　　）。

A. 甲公司应当设置会计机构

B. 甲公司可以设置会计机构或在相关机构中设置会计人员并指定会计主管人员

C. 甲公司可以委托代理记账机构代理记账

D. 甲公司应当设置总会计师

（2）甲公司下列经济业务事项，应当办理会计手续，进行会计核算的是（　　）。

A. 财物的收发、增减和使用

B. 债权债务的发生和结算

C. 收入、支出、费用、成本的计算

D. 劳动用工变化的统计

（3）甲公司向乙公司签发收款发票，应当填写的内容包括（　　）。

    A. 填制凭证的日期

    B. 甲公司的名称

    C. 经济业务的内容

    D. 金额

（4）甲公司会计人员账簿记录发生错误，下列更正方法中，不正确的是（　　）。

    A. 可以重新抄写

    B. 登记账簿时发生文字错误，可只划去错误的部分

    C. 登记账簿时发生数字错误，应当全部划红线更正，不得只更正其中的错误数字

    D. 登记账簿时发生文字或数字错误，进行更正时，应当由记账人员在更正处盖章

71.（不定项选择题） 2023 年 8 月至 12 月，甲企业会计发生以下情况：

（1）企业会计孙某在审核企业销售人员提交的外省住宿发票时发现金额填写有误。

（2）企业负责债权债务账目登记工作的赵某因参加会计职称复习考试将其一部分工作暂时委托企业出纳李某兼管。

（3）企业会计机构负责人王某 9 月达到退休年龄，张某接任，开始办理工作交接手续。

（4）该企业因经营不善业绩下滑，企业总经理要求会计机构负责人张某对当年度的财务数据进行处理，确保实现"盈利"。

要求：根据上述资料，不考虑其他因素，分析回答下列问题。

（1）企业会计孙某在审核企业销售人员提交的外省住宿发票时发现金额填写有误，下列处理方式中，正确的是（　　）。

    A. 应当退回，由出具单位重开

    B. 可以用红字更正法更正

    C. 由提供发票的销售人员作出详细说明代替填写错误的发票

    D. 更正错误的金额并由提供原始发票的销售人员和会计机构负责人共同签字

（2）负责债权债务账目登记工作的赵某因参加会计职称复习考试，将其一部分工作暂时委托出纳李某兼管的，下列相关表述中，错误的是（　　）。

    A. 会计工作岗位，应当一人一岗，不得兼任，所以赵某不得委托李某兼管一部分债权债务账目登记工作

    B. 会计工作岗位，可以一人一岗、一人多岗或者一岗多人，所以赵某可以委托李某兼管一部分债权债务账目登记工作

    C. 出纳人员不得兼任（兼管）稽核、会计档案保管和收入、支出、费用、债权债务账目的登记工作，所以赵某不得委托李某兼管一部分债权债务账目登记工作

    D. 企业会计人员实行回避制度，所以赵某不得委托李某兼管一部分债权债务账目登记工作

（3）企业会计机构负责人王某因退休办理工作交接，下列表述中正确的是（　　）。

 A. 王某必须将其所经管的会计工作全部移交给接替人员

 B. 王某办理工作交接手续，由单位负责人监交，必要时主管单位可以派人会同监交

 C. 王某对所移交的相关资料的合法性、真实性承担法律责任

 D. 接替王某工作的张某为方便工作，经单位负责人批准可以另立新账

（4）甲企业总经理要求张某对当年度的财务数据进行处理的行为，下列表述中正确的是（　　）。

 A. 甲企业的行为是伪造、变造会计凭证、会计账簿，编制虚假财务会计报告的违法行为

 B. 对甲企业的行为由县级以上人民政府财政部门予以通报，可以并处 5 000 元以上 10 万元以下的罚款

 C. 对企业的总经理可以处 5 000 元以上 5 万元以下的罚款

 D. 对会计机构负责人张某可以处 3 000 元以上 5 万元以下的罚款

刷易错

72.（单选题）根据会计法律制度的规定，下列各项中属于会计人员应当回避的是（　　）。

 A. 甲国有独资公司董事长的同乡担任公司财务经理

 B. 乙财政局副局长的侄子担任财政局出纳

 C. 自然人投资设立的丙有限责任公司总经理的妻子担任公司会计机构负责人

 D. 丁民营企业出纳兼任企业会计档案管理工作

73.（多选题）甲企业设有以下岗位，其中属于会计工作岗位的有（　　）。

 A. 企业会计主管岗位   B. 企业出纳岗位

 C. 企业财产物资核算岗位   D. 企业档案保管岗位

74.（判断题）甲企业业务员张某出差的轮船发票不慎遗失且无法弥补，为此张某作出详细文字说明，并经单位负责人签字后，交予企业会计人员代替为原始凭证。（　　）

75.（不定项选择题）2023 年 11 月，甲公司会计总监组织会计机构的相关人员对纸质及电子会计资料进行整理，移交给公司档案管理机构归档。2023 年 1 月，甲公司档案管理机构决定对已到保管期限的会计档案进行鉴定、销毁。

要求：根据上述资料，不考虑其他因素，分析回答下列问题。

（1）下列各项中，应当归档的会计资料包括（　　）。

 A. 年度财务预算计划   B. 年度财务报告

 C. 企业规章制度   D. 银行对账单

（2）下列属于保管期限 30 年的会计档案是（   ）。

    A. 纳税申报表　　　　　　　　　B. 原始凭证

    C. 总账　　　　　　　　　　　　D. 固定资产卡片

（3）关于甲公司对会计档案鉴定的下列表述中，正确的是（   ）。

    A. 会计档案鉴定工作应当由单位会计机构牵头

    B. 会计档案鉴定工作由单位档案管理机构牵头

    C. 会计档案鉴定工作由单位审计机构牵头

    D. 会计档案鉴定工作由单位负责人牵头

（4）下列关于会计档案销毁的表述中，不正确的是（   ）。

    A. 保管期未满会计凭证不得销毁

    B. 保管期满但债权债务未结清的会计凭证可以销毁

    C. 会计档案的销毁由单位档案管理机构负责组织，单位会计管理机构共同派员监销

    D. 参与会计档案销毁的办事人员应当在会计档案销毁清册上签署意见

刷通关

76.（单选题）根据会计法律制度的规定，下列关于会计档案管理的表述中，正确的是（   ）。

A. 单位会计档案的保管期限从会计年度终了后的第一天算起

B. 单位的经营计划属于会计档案

C. 单位当年形成的会计档案，可由单位会计管理机构临时保管 2 年

D. 单位保管期限届满的会计档案可以销毁

77.（单选题）根据会计法律制度的规定，下列情况中，不可以用红色墨水记账的是（   ）。

A. 按照红字冲账的记账凭证，冲销错误记录

B. 在不设借贷等栏的多栏式账页中，登记减少数

C. 在三栏式账户的余额栏前，如未印明余额方向的，在余额栏内登记负数余额

D. 启用会计账簿时，账簿封面事项的填写

78.（单选题）下列财务会计报告中应包括会计报表、会计报表附注、财务情况说明书的是（   ）。

A. 月度财务会计报告　　　　　　B. 年度财务会计报告

C. 半年度财务会计报告　　　　　D. 季度财务会计报告

79.（单选题）下列关于代理记账机构的表述中，错误的是（   ）。

A. 代理记账机构应当经县级以上地方人民政府财政部门批准，领取由财政部统一规定样式的代理记账许可证书方可取得代理记账资格

B. 对代理记账机构实施监督的主体是县级以上人民政府财政部门

C. 对代理记账机构的例行检查实行随机抽取检查对象、随机选派执法检查人员，并将抽查情况及查处结果依法及时向社会公开的制度

D. 对委托代理记账的企业因违反财税法律、法规受到处理处罚的，县级以上政府财政部门应当将其委托的代理记账机构列入重点检查对象

80. （多选题）下列单位会计人员对原始凭证审核的做法中，正确的有（　　）。

A. 会计机构、会计人员应当按照企业财务会计制度的规定对原始凭证进行审核

B. 对不真实、不合法的原始凭证，不予接受，并向单位负责人报告

C. 支付款项的原始凭证，必须有付款单位和付款人的收款证明

D. 购买实物的原始凭证，必须有验收证明

81. （多选题）根据《会计法》的有关规定，单位发生（　　）行为，尚不构成犯罪的，县级以上人民政府财政部门可对单位处以 5 000 元以上 10 万元以下的罚款。

A. 伪造、变造会计凭证、会计账簿

B. 隐匿依法应当保存的财务会计报告

C. 故意销毁依法应当保存的会计凭证

D. 编制虚假财务会计报告

82. （判断题）一个质量可靠的会计软件可以生成真实、完整的会计资料，因此对于实行会计电算化的单位生成的会计资料不再作特别要求。（　　）

83. （不定项选择题）甲餐厅主营日料，为实行定期定额征收方式的个体工商户，经营规模不大，对日常经营活动委托乙代理记账机构（以下简称乙机构）代理记账。受水产品暂停进口的影响，甲餐厅于 2023 年 9 月底停业。

要求：根据上述资料，不考虑其他因素，分析回答下列问题。

（1）根据相关法律制度的规定，下列对乙机构的管理表述中，正确的是（　　）。

　　A. 乙机构从事代理记账业务，应当经政府财政部门批准，领取由财政部统一规定样式的代理记账许可证书

　　B. 乙机构主管代理记账业务的负责人应当具有会计师以上专业技术职务资格或者从事会计工作不少于 5 年且为专职从业人员

　　C. 乙机构的从业人员不少于 5 名

　　D. 如果甲餐厅因偷税行为受到税务机关处罚，政府财政部门可以将乙机构列入重点监督检查对象

（2）甲餐厅委托代理记账的义务是（　　）。

　　A. 应当配备专人负责日常货币收支和保管

　　B. 及时向乙机构提供真实、完整的原始凭证和其他相关资料

　　C. 对于乙机构有疑义的原始凭证，应当及时予以更正、补充

　　D. 对知悉的乙机构的商业秘密予以保密

（3）甲餐厅受水产品暂停进口的影响停业办理税务登记时，应当办理的事项是（　　）。

A. 应当结清应纳税款、滞纳金、罚款

B. 应当说明停业理由和停业期限

C. 应当缴回未使用完的发票

D. 应当缴回税务登记证及副本

（4）关于甲餐厅停业时间的下列表述中，正确的是（　　）。

A. 不得超过 6 个月　　　　　　　　B. 不得超过 1 年

C. 不得超过 2 年　　　　　　　　　D. 不得超过 3 年

第三章 支付结算法律制度

刷基础

84. （单选题）某票据的出票日期为"2023 年 4 月 15 日"，下列符合支付结算法律制度规范写法的是（   ）。
   A. 贰零贰叁年零肆月拾伍日
   B. 贰零贰叁年肆月壹拾伍日
   C. 贰零贰叁年零肆月零拾伍日
   D. 贰零贰叁年肆月拾伍日

85. （单选题）根据人民币结算账户的相关法律制度规定，存款人因办理日常转账结算和现金收付需要开立的银行结算账户是（   ）。
   A. 人民币存款账户
   B. 基本存款账户
   C. 一般存款账户
   D. 专用存款账户

86. （单选题）接受汇票出票人的付款委托，同意承担支付票款义务的人是（   ）。
   A. 付款人
   B. 承兑人
   C. 背书人
   D. 出票人

87. （单选题）某公司出纳人员不慎将支票遗失，向人民法院申请公示催告，根据票据法律制度的规定，受理该公示催告申请的人民法院是（   ）。
   A. 票据收款地法院
   B. 票据支付地法院
   C. 失票人所在地法院
   D. 出票人所在地法院

88. （单选题）2023 年 11 月 1 日，李某在与甲公司交易中获得一张到期日为 11 月 30 日的商业承兑汇票（承兑人乙公司在异地），11 月 10 日，李某持该汇票到丙银行申请贴现。根据支付结算法律制度的规定，下列有关贴现利息的计算公式中，正确的是（   ）。
   A. 贴现利息 = 票面金额 × 年利率 × 贴现日至到期日天数
   B. 贴现利息 = 票面金额 × 年利率 × （贴现日至到期日天数 +3）
   C. 贴现利息 = 票面金额 × 日利率 × 贴现日至到期日前 1 日的天数
   D. 贴现利息 = 票面金额 × 日利率 × （贴现日至到期日前 1 日的天数 +3）

89. （单选题）下列关于银行本票的表述中，不正确的是（   ）。
   A. 银行本票的付款人是出票人
   B. 银行本票可以用于转账，不得支取现金
   C. 银行本票可以背书转让
   D. 持票人超过提示付款期限不获付款的，可向出票银行请求付款

90. （单选题）根据支付结算法律制度的规定，存款人更改名称，但不改变开户银行及账号的，应于（　　）向开户银行提出银行结算账户的变更申请。

A. 3 日内
B. 5 日内
C. 3 个工作日内
D. 5 个工作日内

91. （单选题）下列支票结算的表述中，正确的是（　　）。

A. 甲企业向乙企业签发未记载收款人名称的支票，该支票无效
B. 甲企业签发的支票金额超过其付款时在银行存款金额，是签发空头支票
C. 甲企业在银行的存款不足以支付支票金额时，银行可以在见票时分期付款
D. 乙企业应自支票出票日起 1 个月内向银行提示付款

92. （多选题）下列各项中，属于支付服务的有（　　）。

A. 互联网支付
B. 移动电话支付
C. 预付卡
D. 销售点终端代收

93. （多选题）下列各项中，属于无偿取得票据并享有票据权利的有（　　）。

A. 丙慈善机构因赠与而取得转账支票
B. 甲税务局因征税而取得银行承兑汇票
C. 乙公司因销售货物而取得商业承兑汇票
D. 李某因继承而取得银行汇票

94. （多选题）根据《票据法》的规定，下列选项未记载将会导致银行汇票无效的有（　　）。

A. 出票人签章
B. 出票地
C. 付款人名称
D. 付款日期

95. （多选题）根据票据法律制度的规定，下列选项所述票据丢失后，可以挂失止付的有（　　）。

A. 已承兑的商业汇票
B. 空白支票
C. 现金支票
D. 填明"现金"字样的银行本票

96. （多选题）根据票据法律制度的规定，下列票据承兑程序的表述中，正确的有（　　）。

A. 汇票付款前持票人均应提示承兑
B. 汇票持票人未按照规定期限提示承兑的，丧失追索权
C. 付款人对向其提示承兑的汇票，应当自收到提示承兑的汇票之日起 3 日内承兑或者拒绝承兑
D. 承兑附有条件的，视为拒绝承兑

97. （多选题）根据支付结算法律制度的规定，下列款项中，可以转入个人银行结算账户的有（　　）。

A. 工资、奖金收入
B. 证券交易结算资金
C. 个人劳务报酬
D. 继承、赠与款项

98. （判断题）票据上的金额以中文大写和阿拉伯数码同时记载，二者必须一致，二者

不一致的银行不予受理。（　　　）

99. （判断题）甲公司在乙银行开有基本存款账户。2023 年 3 月 2 日，该公司因贷款需要又在丙银行开立了一般存款账户。3 月 15 日，甲公司财务人员签发了一张现金支票，并向丙银行提示付款，要求提取现金 3 万元。丙银行工作人员对支票审查后，拒绝为甲公司办理现金支取业务。（　　　）

100. （判断题）汇票和银行本票的出票人可以是银行；支票的出票人没有银行。（　　　）

101. （判断题）票据债务人可以以自己与持票人的前手之间的抗辩事由，对抗持票人。（　　　）

102. （判断题）丁自丙处受让 A 汇票，票据上记载的前手包括出票人甲、背书人乙。丁向付款银行提示付款遭拒绝，不得向甲、乙行使追索权。（　　　）

103. （判断题）企业申请开立基本存款账户的，银行应当与企业法定代表人或单位负责人采取面对面的方式核实企业开户意愿，并留存相关工作记录。（　　　）

104. （判断题）根据网络支付业务与风险管理的相关法律规定，收款人固定并且定期发生的支付业务，支付机构不得代替银行进行交易验证。（　　　）

刷提高

105. （单选题）根据《人民币银行结算账户管理办法》的规定，下列各项中，存款人因对特定用途资金进行专项管理和使用而开立的账户是（　　　）。
A. 基本存款账户
B. 一般存款账户
C. 专用存款账户
D. 临时存款账户

106. （单选题）临时存款账户的有效期最长不得超过（　　　）年。
A. 1
B. 2
C. 3
D. 5

107. （单选题）根据票据法律制度的规定，下列关于银行汇票出票金额和实际结算金额的表述中，正确的是（　　　）。
A. 如果出票金额低于实际结算金额，银行应按出票金额办理结算
B. 如果出票金额低于实际结算金额，银行应按实际结算金额办理结算
C. 如果出票金额高于实际结算金额，银行应按出票金额办理结算
D. 如果出票金额高于实际结算金额，银行应按实际结算金额办理结算

108. （单选题）根据票据法律制度的规定，下列不得向前手行使追索权的表述中正确的是（　　　）。
A. 汇票的持票人未按照规定期限提示承兑的，丧失对其前手的追索权
B. 本票持票人未按照规定提示付款的，丧失对前手的追索权
C. 持票人行使追索权应按期通知其前手，若未按照规定期限通知的，则丧失对前手的追索权

D. 持票人未首先向直接前手行使追索权，不得向其他前手追索

109. （单选题）徐某购买了一张记名预付卡，根据支付结算法律制度的规定，该张预付卡内的资金最高限额为（　　）元。

A. 1 000　　　　　　B. 5 000　　　　　　C. 10 000　　　　　　D. 50 000

110. （单选题）下列各项中，需要经中国人民银行核准开立银行结算账户的是（　　）。

A. 甲公司开立的基本存款账户

B. 乙合伙企业因异地临时经营而开立的临时存款账户

C. 丙个人独资企业开立的一般存款账户

D. 丁公立大学开立预算单位专用存款账户

111. （多选题）下列关于票据权利时效的表述中，正确的有（　　）。

A. 持票人对票据的出票人和承兑人的权利自票据出票起2年

B. 持票人对支票出票人的权利，自出票日起6个月

C. 持票人对前手的追索权，自被拒绝承兑或者被拒绝付款之日起3个月

D. 持票人对前手的再追索权，自清偿日或者被提起诉讼之日起3个月

112. （多选题）根据票据法律制度的规定，票据权利的取得方式有（　　）。

A. 为返还借款甲企业向乙公司签发支票

B. 乙公司向丙公司支付劳务费转让甲企业签发的支票

C. 甲公司因退税从税务机关取得的支票

D. 丁公司因接受赠与取得的支票

113. （多选题）甲公司将一张银行承兑汇票转让给乙公司，乙公司以质押背书方式向丁银行取得贷款。贷款到期，乙公司偿还贷款，收回汇票并转让给丙公司。票据到期后，丙公司作成委托收款背书，委托开户银行提示付款。根据票据法律制度的规定，上述汇票转让中属于背书转让的有（　　）。

A. 甲公司背书给乙公司　　　　　　B. 乙公司质押背书给丁银行

C. 乙公司背书给丙公司　　　　　　D. 丙公司委托收款背书

114. （多选题）个人可以通过网上银行办理的业务有（　　）。

A. 赵某向其妻子的银行结算账户转款

B. 张某为儿子的信用卡还款

C. 王某在某宝购物向商家支付货款

D. 刘某兑换日元

115. （多选题）根据《票据法》的规定，支票的（　　）可以由出票人授权补记。未补记前，不得背书转让和提示付款。

A. 支票金额　　　　　　　　　　　B. 出票日期

C. 付款人名称　　　　　　　　　　D. 收款人名称

116. （判断题）甲企业出纳黄某在2023年12月15日将支票丢失，当天向付款人乙银行申请挂失止付；乙银行至2023年12月26日未收到人民法院的止付通知书，不再承担止付责任。（　　）

117. （判断题）票据债务人可以以自己与持票人的前手之间的抗辩事由，对抗持票人。
（   ）

118. （判断题）电子承兑汇票期限自出票日至到期日不超过 6 个月。（   ）

119. （不定项选择题）2023 年 8 月 10 日，甲公司向乙银行申请签发一张票面金额为 50 万元的银行本票用于向丙公司结算货款；后丙公司将该银行本票背书给丁企业。

要求：根据上述资料，不考虑其他因素，分析回答下列小题。

（1）下列关于银行本票结算使用的表述中，正确的是（   ）。

    A. 银行本票只能用于转账，不得用于支取现金

    B. 银行本票可以用于转账，也可以支取现金

    C. 银行本票只限于单位结算使用

    D. 银行本票单位和个人结算均可使用

（2）下列各项中，属于银行本票的基本当事人的是（   ）。

    A. 甲公司   B. 乙银行

    C. 丙公司   D. 丁企业

（3）乙银行签发银行本票必须记载的事项是（   ）。

    A. 确定的金额   B. 出票日期

    C. 出票人签章   D. 付款人名称

（4）如果丁企业未按照规定提示付款，下列法律后果的表述中，正确的是
（   ）。

    A. 丁企业丧失票据权利

    B. 丁企业丧失追索权

    C. 丁企业丧失对前手的追索权

    D. 丁企业丧失对出票人以外的前手的追索权

刷易错

120. （单选题）根据票据法律制度的规定，票据到期前持票人可以行使追索权的情形
是（   ）。

    A. 票据被拒绝承兑   B. 票据被拒绝付款

    B. 票据保证人破产   D. 票据丢失

121. （单选题）根据预付卡管理的相关法律规定，下列关于预付卡的表述中，正确的
是（   ）。

    A. 预付卡以人民币计价，不具有透支功能

    B. 预付卡可挂失，可赎回

    C. 预付卡的有效期不得少于 3 年

D. 预付卡的资金限额不得超过 1 000 元

122. （多选题）甲企业签发一张商业汇票给乙企业，用于结算工程款。为保证该票据到期获得支付，丙公司担任了保证人。据此，下列表述中不正确的有（　　）。

A. 丙公司在票据上记载如果甲企业法定代表人变更则不再承担保证责任，该记载导致保证无效

B. 因票据上未记载保证日期的，则以甲企业的背书日期为保证日期

C. 丙公司未在票据上记载被保证人名称，已承兑的票据，承兑人为被保证人

D. 丙公司清偿票据债务后，可以向甲企业行使追索权

123. （判断题）持票人对票据债务人行使票据权利，或者保全票据权利，应当在票据当事人的营业场所和营业时间内进行，票据当事人无营业场所的，应当在其出票地进行。（　　）

124. （不定项选择题）甲签发一张由自己为承兑人、乙为收款人的纸质商业汇票。乙收到汇票后将汇票转让给丁，为保证付款，丙为乙履行票据责任做保证担保。后丁将汇票向银行贴现。

要求：根据上述资料，不考虑其他因素，分析回答下列小题。

（1）根据票据法律制度的规定，下列商业汇票的表述中不正确的是（　　）。

　　A. 商业汇票的出票人为在银行开立存款账户的法人以及其他组织

　　B. 商业承兑汇票可以由付款人签发并承兑，也可以由收款人签发交由付款人承兑

　　C. 纸质商业汇票的付款期限，最长不得超过 6 个月

　　D. 商业汇票必须在出票前承兑

（2）甲签发商业汇票给乙，乙因持有汇票享有的票据权利包括（　　）。

　　A. 付款请求权　　　　　　　　　B. 追索权

　　C. 抗辩权　　　　　　　　　　　D. 代位权

（3）关于丁和丙的票据保证，下列表述中不正确的是（　　）。

　　A. 被保证人是乙

　　B. 被保证人是甲和乙

　　C. 丙必须在票据或者粘单上记载相关保证事项

　　D. 汇票到期后丁得不到付款有权向丙请求付款，丙应当足额付款

（4）下列各项中，丁向银行办理贴现必须具备的条件是（　　）。

　　A. 丁必须是企业法人

　　B. 票据未到期

　　C. 票据未记载"不得转让"事项

　　D. 丁与乙之间具有真实的商品交易关系

刷通关

125. (单选题) 甲公司经营期限届满解散清算后，向开户银行申请撤销银行结算账户，最后撤销的账户是（　　）。

A. 一般存款账户　　　　　　　　　B. 临时存款账户

C. 基本存款账户　　　　　　　　　D. 专用存款账户

126. (单选题) 出票人签发的，委托付款人在指定日期无条件支付确定的金额给收款人或者持票人的票据是（　　）。

A. 支票　　　　　　　　　　　　　B. 本票

C. 银行汇票　　　　　　　　　　　D. 商业汇票

127. (单选题) 银行承兑汇票的出票人应于汇票到期前将票款足额交存其开户银行，银行承兑汇票的出票人于汇票到期日未能足额交存票款时，承兑银行付款后，下列处理方式中正确的是（　　）。

A. 以出票人汇票金额按照每天万分之三计收利息

B. 以出票人汇票金额按照每天万分之五计收利息

C. 对出票人尚未支付的汇票金额按照每天万分之三计收利息

D. 对出票人尚未支付的汇票金额按照每天万分之五计收利息

128. (多选题) 下列各项中，属于存款人应向开户银行提出撤销银行结算账户的有（　　）。

A. 甲股份有限责任公司股东大会决定解散的

B. 乙企业法人被人民法院宣告破产的

C. 丙有限责任公司违反行政法规的规定被吊销营业执照的

D. 丁合伙企业因迁址需要变更开户银行的

129. (多选题) 根据支付结算法律制度的规定，下列关于商业汇票贴现的表述中，正确的有（　　）。

A. 贴现是一种非票据转让行为

B. 贴现人办理纸质票据贴现时，发现纸质票据必须记载事项与已登记承兑信息不一致的，不得办理贴现

C. 贴现利息的计算期限从其贴现之日起至汇票到期日止

D. 贴现到期不获付款的，贴现银行可从贴现申请人的存款账户直接收取票款

130. (判断题) 单位在同城、异地结算均可使用委托收款；个人仅同城结算可以使用委托收款。（　　）

131. (不定项选择题) 2023 年 10 月 10 日甲公司向乙公司签发一张以丙银行为付款人，票面金额 50 万元的转账支票，用于偿还借款。乙公司收到该支票后背书转让给丁公司用于购买原材料，乙公司在支票背书时注明转让金额 40 万元。丁公司财务人员不慎将该支票丢失。

要求：根据上述资料，不考虑其他因素，分析回答下列小题。

（1）下列不属于支票基本当事人的是（　　）。

    A. 甲公司　　　　　　　　　　　B. 乙公司

    C. 丁公司　　　　　　　　　　　D. 丙银行

（2）甲公司签发支票时有关记载事项的下列表述中，正确的是（　　）。

    A. 甲公司签发支票必须记载收款人名称

    B. 甲公司签发支票中记载的付款人为乙公司的开户银行

    C. 甲公司签发支票的票面金额可以授权补记

    D. 甲公司签发的支票不得提取现金

（3）对乙公司背书转让金额 40 万元的行为，下列表述正确的是（　　）。

    A. 乙公司的背书无效

    B. 乙公司的背书有效

    C. 未经丁公司确认背书无效

    D. 经丁公司确认后背书有效

（4）丁公司财务人员不慎将该支票丢失，可以采取的补救措施是（　　）。

    A. 声明作废　　　　　　　　　　B. 挂失止付

    C. 公示催告　　　　　　　　　　D. 普通诉讼

132.（不定项选择题） 2023 年 4 月 11 日，A 公司签发一张商业汇票，收款人为 B 公司，到期日为 2023 年 9 月 11 日，A 公司的开户银行 C 银行为该汇票承兑。2023 年 6 月 30 日，B 公司从 D 公司采购一批货物，将该汇票背书转让给 D 公司，D 公司 7 月 30 日持该汇票到其开户银行 E 银行办理委托收款，E 银行为丙公司办理了委托收款手续。

要求：根据上述资料，不考虑其他因素，分析回答下列小题。

（1）D 公司应去银行办理该汇票提示付款的期限是（　　）。

    A. 自 D 公司受让该汇票之日起 10 日内

    B. 自 D 公司受让该汇票之日起 1 个月内

    C. 自该汇票到期日起 10 日

    D. 自该汇票到期日起 1 个月

（2）该汇票的付款人是（　　）。

    A. A 公司　　　　　B. C 银行　　　　　C. B 公司　　　　　D. E 银行

（3）在不考虑委托收款背书的情况下，关于确定该汇票非基本当事人的下列表述中，正确的是（　　）。

    A. B 公司是背书人　　　　　　　B. D 公司是被背书人

    C. C 银行是承兑人　　　　　　　D. E 银行是保证人

（4）下列属于办理委托收款结算的必须记载事项的是（　　）。

    A. 确定的金额　　　　　　　　　B. 付款人名称

    C. 收款人住所　　　　　　　　　D. 委托日期

133. (不定项选择题) 甲签发一张由 A 银行承兑的商业汇票给乙，乙背书转让给丙，丙背书转让给丁。丁提示付款，A 银行以甲的存款不足为由拒绝付款。丁行使追索权。

要求：根据上述资料，不考虑其他因素，分析回答下列小题。

(1) 下列选项中属于签发银行承兑汇票必须记载的事项是 (   )。

    A. 出票人签章   B. 出票地

    C. 出票日期   D. 付款人名称

(2) 下列票据背书的表述正确的是 (   )。

    A. 票据背书由背书人签章并记载背书日期，未记载背书无效

    B. 票据背书不得记载"不得转让"字样

    C. 以背书转让的票据，背书应当连续

    D. 被拒绝承兑、被拒绝付款或者超过付款提示期限的票据，不得背书转让

(3) 对 A 银行拒绝付款的下列表述中错误的是 (   )。

    A. A 银行已经承兑不得拒绝付款

    B. A 银行虽然已经承兑但甲存款不足可以拒绝付款

    C. A 银行不得以自己与出票人之间的抗辩事由对抗丁

    D. A 银行可以以自己与出票人之间的抗辩事由对抗丁

(4) 丁行使追索权的下列表述中符合票据法规定的是 (   )。

    A. 丁只能向直接前手丙行使追索权

    B. 丁行使追索权应提供提示付款被拒绝的证明文件

    C. 丁应当自收到被拒绝付款的有关证明之日起 5 日内，将被拒绝事由书面通知其前手

    D. 丁行使追索权的金额不得超过汇票金额

134. (不定项选择题) 2019 年 3 月 12 日甲企业成立，当月企业财务人员到 A 银行申请开立了基本存款账户，当月 25 日开户银行为甲企业办理开户手续。2020 年 1 月，甲企业因向 B 银行申请贷款，需要在 B 银行开立一个一般存款账户。2023 年 8 月，甲企业倒闭解散，需要清理银行结算账户。

要求：根据上述资料，不考虑其他因素，分析回答下列小题。

(1) 甲企业在银行开立基本存款账户的下列表述中，正确的是 (   )。

    A. 甲企业开立基本存款结算账户应当经过中国人民银行当地分支机构核准

    B. 甲企业只能开立一个基本存款账户

    C. 甲企业应当自 3 月 28 日方可使用该账户办理付款业务

    D. 甲企业申请开立基本存款账户，银行须采取面对面的方式核实其开户意愿

(2) 甲企业在 B 银行开立的一般存款账户的使用范围有 (   )。

    A. 现金缴存   B. 借款归还

    C. 现金支取   D. 借款转存

（3）甲企业向 B 银行申请开立一般存款账户应提交的证明文件是（ ）。

    A. 借款合同   B. 办事人员的身份证

    C. 企业法定代表人的证明   D. 银行对账单

（4）甲企业倒闭解散，需要清理银行结算账户，下列关于清理银行结算账户的表述中，不正确的是（ ）。

    A. 甲企业倒闭解散，银行账户需要变更

    B. 甲企业倒闭解散，银行账户需要撤销

    C. 应当将 B 银行的资金转入到 A 银行的账户

    D. 甲企业可以将对银行的债权债务集中到开立基本存款账户的银行统一清理撤销

第四章　税法概述及货物和劳务税法律制度

刷基础

135.（单选题）2023年9月甲汽车制造公司将自产的一辆新款小汽车转为自用，该新款小汽车无同类应税车辆销售价格，成本为44万元/辆。已知消费税税率为12%；车辆购置税税率为10%；成本利润率为8%。计算甲汽车制造公司自产自用小汽车应缴纳车辆购置税税额的下列算式中，正确的是（　　）。

A. $44 \times (1+5\%) \times 10\% = 4.62$（万元）

B. $44 \times 10\% = 4.4$（万元）

C. $44 \div (1-12\%) \times 10\% = 5$（万元）

D. $44 \times (1+8\%) \div (1-12\%) \times 10\% = 5.4$（万元）

136.（单选题）根据增值税法律制度的规定，下列情形中，应缴纳增值税的是（　　）。

A. 张三将购买1年的一套住房对外销售

B. 李四销售一套自建自用的住房

C. 涉及家庭财产分割的王五无偿向其妻子转让一套住房

D. 某公司为配合国家住房制度改革而按房改成本价出售住房

137.（单选题）甲公司为增值税一般纳税人，2023年10月采取以旧换新方式销售100台W型家电，该型家电同期含增值税销售价格为5 650元/台，扣减旧家电收购价格后实际收取含增值税价格5 141.5元/台，已知增值税税率为13%，计算甲公司当月该业务增值税销项税额的下列算式中，正确的是（　　）。

A. $100 \times 5\,141.5 \times 13\% = 66\,839.5$（元）

B. $100 \times 5\,650 \div (1+13\%) \times 13\% = 65\,000$（元）

C. $100 \times 5\,650 \times 13\% = 73\,450$（元）

D. $100 \times 5\,141.5 \div (1+13\%) \times 13\% = 59\,150$（元）

138.（单选题）甲植物油厂为增值税一般纳税人，2023年7月从农民手中收购一批花生，农产品收购发票上注明买价为182 000元，甲植物油厂当月将收购的花生的80%用于加工食用植物油，剩余的部分用于无偿赠送给客户，已知购进农产品按9%的扣除率计算进项税额，计算甲植物油厂当月上述业务准予抵扣的进项税额的下列算式中，正确的是（　　）。

A. $182\,000 \times 9\% = 16\,380$（元）

B. 182 000 ÷ (1 – 9%) × 9% = 18 000（元）

C. 182 000 × 9% × 80% = 13 104（元）

D. 182 000 ÷ (1 – 9%) × 9% × 80% = 14 400（元）

139. （单选题）根据消费税法律制度的规定，下列关于消费税征收范围的说法中，不正确的是（　　）。

A. 用于水上运动和休闲娱乐等活动的非机动艇属于"游艇"的征收范围

B. 对于购进乘用车或中轻型商用客车整车改装生产的汽车属于"小汽车"的征收范围

C. 实木指接地板及用于装饰墙壁、天棚的实木装饰板属于"实木地板"的征收范围

D. 以汽油、汽油组分调和生产的"甲醇汽油"和"乙醇汽油"属于"汽油"的征收范围

140. （单选题）2023 年 9 月 M 市甲企业接受 N 县乙企业委托加工应税消费品，取得不含增值税加工费 30 万元，代收代缴消费税 12 万元。已知 M 市和 N 县的城市维护建设税税率分别为 7% 和 5%。计算甲企业就该笔业务应代收代缴城市维护建设税税额的下列算式中，正确的是（　　）。

A. （30 + 12）× 7% = 2.94（万元）　　　　B. （30 + 12）× 5% = 2.1（万元）

C. 12 × 7% = 0.84（万元）　　　　D. 12 × 5% = 0.6（万元）

141. （单选题）下列各项中，应计入出口货物完税价格的是（　　）。

A. 出口关税税额

B. 单独列明的支付给境外的佣金

C. 货物在我国境内输出地点装载后的运输费用

D. 货物运至我国境内输出地点装载前的保险费

142. （单选题）某旅游公司 2023 年 8 月从游艇生产企业购进一艘游艇，取得的增值税专用发票注明价款 120 万元、税额 15.6 万元；从汽车贸易公司购进一辆小汽车，取得增值税机动车统一销售发票注明价款 40 万元、税额 5.2 万元。游艇的消费税税率为 10%，小汽车消费税税率为 5%。下列关于上述业务相关纳税事项的表述中，正确的是（　　）。

A. 汽车贸易公司应缴纳消费税 2 万元

B. 游艇生产企业应缴纳消费税 12 万元

C. 旅游公司应缴纳游艇的车辆购置税 12 万元

D. 旅游公司应缴纳小汽车的车辆购置税 10 万元

143. （单选题）2023 年 3 月，某商场首饰部销售业务如下：采用以旧换新方式销售金银首饰，该批首饰市场零售价 13.92 万元，旧首饰作价的含税金额为 5.80 万元，商场实际收到 8.12 万元；修理金银首饰取得含税收入 2.26 万元；零售镀金首饰取得收入 6.96 万元，该商场当月应纳消费税的下列算式中，正确的是（　　）。（金银首饰消费税税率 5%）

A. 8. 12 ÷ (1 + 13%) × 5% = 0.3593 （万元）

B. 8. 12 × 5% = 0. 406 （万元）

C. 13. 92 ÷ (1 + 13%) × 5% = 0.6159 （万元）

D. （8. 12 + 2. 26） ÷ (1 + 13%) × 5% = 0.4592 （万元）

144. （单选题）下列各项关于关税适用税率的表述中，正确的是（   ）。

A. 出口货物，按货物实际出口离境之日实施的税率征税

B. 进口货物，按纳税义务人申报进口之日实施的税率征税

C. 暂时进口货物转为正式进口需予补税时，按其申报暂时进口之日实施的税率征税

D. 查获的走私进口货物需补税时，按海关确认的其实际走私进口日期实施的税率征税

145. （多选题）下列关于增值税纳税义务发生时间的表述中，正确的有（   ）。

A. 纳税人发生视同销售货物行为，为货物移送的当天

B. 销售应税劳务，为提供劳务同时收讫销售款或者取得索取销售款的凭据的当天

C. 纳税人进口货物，为从海关提货的当天

D. 采取托收承付方式销售货物，为发出货物的当天

146. （多选题）增值税一般纳税人发生的下列情形中，不得开具增值税专用发票的有（   ）。

A. 商业企业零售烟酒   B. 工业企业销售白酒

C. 向消费者个人提供加工劳务   D. 向个人销售房屋

147. （多选题）根据消费税法律制度的规定，下列各项中，属于消费税征收范围的有（   ）。

A. 汽车销售公司销售汽车   B. 烟草专卖店零售卷烟

C. 轮胎厂销售生产的汽车轮胎   D. 商场销售黄金项链

148. （多选题）下列关于消费税征收的表述中，正确的有（   ）。

A. 纳税人自产自用的应税消费品，用于连续生产应税消费品的，不缴纳消费税

B. 纳税人将自产自用的应税消费品用于馈赠、赞助的，缴纳消费税

C. 委托加工的应税消费品，受托方在交货时已代收代缴消费税，委托方收回后直接销售的，再缴纳一道消费税

D. 卷烟在生产和批发两个环节均征收消费税

149. （多选题）下列项目免征增值税的有（   ）。

A. 个人转让著作权

B. 境内运输企业提供的国际运输服务

C. 农业生产者销售的自产农产品

D. 残疾人的组织直接进口供残疾人专用的物品

150. （多选题）根据消费税法律制度的规定，关于消费税从价定率计税销售额，下列说法不正确的有（   ）。

A. 消费税计税销售额包括增值税

B. 金银首饰的包装费不计入计税销售额

C. 黄酒的包装物押金收取时不计入计税销售额

D. 白酒的品牌使用费应计入计税销售额

151. （多选题）下列业务既征收增值税又征收消费税的有（　　）。

A. 4S 店销售超豪华小汽车　　　　　B. 商场珠宝部销售金银首饰

C. 商场零售卷烟　　　　　　　　　　D. 商场服装部销售高档服装

152. （多选题）根据消费税法律制度的规定，下列货物中，采用复合计税办法征收消费税的有（　　）。

A. 粮食白酒　　　　B. 薯类白酒　　　　C. 啤酒　　　　D. 卷烟

153. （判断题）城市维护建设税实行差别比例税率。按照纳税人所在地区的不同，设置了不同的比例税率。（　　）

154. （判断题）纳税人应当在向公安机关交通管理部门办理车辆注册登记后，缴纳车辆购置税。（　　）

155. （判断题）纳税人销售活动板房、机器设备、钢结构件等自产货物的同时提供建筑、安装服务，属于混合销售，按照销售货物或者销售服务缴纳增值税。（　　）

156. （判断题）城市维护建设税的计税依据为纳税人实际缴纳的增值税、消费税税额。（　　）

157. （判断题）一般纳税人销售自己使用过的除固定资产以外的物品，可以选择按照简易办法依照3%征收率减按2%征收增值税。（　　）

刷提高

158. （单选题）某超市为增值税一般纳税人，2023 年 10 月销售蔬菜取得零售收入 24 000 元，销售粮食、食用油取得零售收入 13 200 元，销售其他商品取得零售收入 98 000 元。当月该超市销项税额为（　　）。

A. （24 000 + 13 200 + 98 000）×13% = 17 576（元）

B. 13 200×9% + 98 000÷（1 + 13%）×13% = 12 462.34（元）

C. 13 200÷（1 + 9%）×9% + 98 000×13% = 13 829.9（元）

D. 13 200÷（1 + 9%）×9% + 98 000÷（1 + 13%）×13% = 12 364.24（元）

159. （单选题）某生产企业发生的下列业务中，准予抵扣进项税额的是（　　）。

A. 将购买的货物用于交际应酬　　　　B. 将购买的货物无偿赠送他人

C. 将购买的货物用于职工集体福利　　D. 将购买的货物用于免征增值税项目

160. （单选题）下列行为中，不属于应视同销售货物征收增值税的是（　　）。

A. 将外购货物分配给股东

B. 将外购货物用于个人消费

C. 将自产货物无偿赠送他人

D. 将自产货物用于非增值税应税项目

161. （单选题）根据增值税法律制度的相关规定，一般纳税人发生下列经营活动，不得开具增值税专用发票的是（　　）。

A. 将外购货物无偿赠送给增值税一般纳税人

B. 烟草批发企业向烟草零售企业批发卷烟

C. 商业企业零售劳保用品给一般纳税人

D. 销售报关出口的货物

162. （单选题）甲汽车制造厂以自产中轻型商务车 20 辆投资参与乙旅游公司的设立，取得 10% 股份，双方确认价值 1 000 万元，该厂生产的同一型号的商务车售价分别为 60 万元/辆、50 万元/辆、70 万元/辆（以上价格均为不含税价格）。该汽车制造厂投资入股的商务车应缴纳消费税（　　）。（消费税税率 5%）

A. $20 \times 70 \times 5\% = 70$（万元）

B. $20 \times 60 \times 5\% = 60$（万元）

C. $20 \times 50 \times 5\% = 50$（万元）

D. $20 \times [(70 + 60) \div 2] \times 5\% = 65$（万元）

163. （单选题）某化妆品厂为增值税一般纳税人，2023 年 10 月向某商场销售由高档化妆品和普通洗发水组成的成套产品 360 套，取得不含税收入 240 万元，其中高档化妆品收入 200 万元，普通洗发水收入 40 万元。将一批新研制的高档香水作为试用品赠送给消费者使用，该批高档香水的成本为 2 万元，成本利润率为 5%，市场没有同类高档香水的销售价格。已知高档化妆品消费税税率为 15%。该化妆品厂当月应缴纳消费税的下列算式中正确的是（　　）。

A. $200 \times 15\% + 2 \times (1 + 5\%) \times 15\% = 30.32$（万元）

B. $240 \times 15\% + 2 \div (1 - 15\%) \times 15\% = 36.35$（万元）

C. $200 \times 15\% + 2 \times (1 + 5\%) \div (1 - 15\%) \times 15\% = 30.37$（万元）

D. $240 \times 15\% + 2 \times (1 + 5\%) \div (1 - 15\%) \times 15\% = 36.37$（万元）

164. （单选题）2023 年 10 月甲汽车厂从境外乙公司进口一批滚动轴承，该批滚动轴承的货价为 4 600 万元，运抵我国境内输入地点起卸前的运费及保险费 276 万元，已知关税税率为 8%，计算甲汽车厂关税税额的下列算式中，正确的是（　　）。

A. $(4\,600 + 276) \times 8\% = 390.08$（万元）

B. $4\,600 \div (1 - 8\%) \times 8\% = 400$（万元）

C. $4\,600 \times 8\% = 368$（万元）

D. $(4\,600 - 276) \times 8\% = 345.92$（万元）

165. （单选题）2023 年 6 月，甲公司销售产品实际缴纳增值税 100 万元，实际缴纳消费税 80 万元；进口产品实际缴纳增值税 20 万元，已知城市维护建设税税率为 7%，甲公司当月应缴纳城市维护建设税税额的下列计算列式中，正确的是（　　）。

A. $(100 + 80 + 20) \times 7\% = 14$（万元）　　B. $(100 + 20) \times 7\% = 8.4$（万元）

C．（100＋80）×7％＝12.6（万元）　　　D．80×7％＝5.6（万元）

166．（多选题）根据增值税法律制度的规定，境外 Y 国甲公司发生的下列业务中，属于在境内销售无形资产或者不动产的有（　　）。

A．甲公司将其在境内使用的经销权转让给境内乙公司

B．甲公司将其位于 Y 国的办公大楼出售给境内丙公司

C．甲公司向境内丁公司转让一项完全在境内使用的专利

D．甲公司租赁丙公司位于境内的办公楼

167．（多选题）下列各项中，属于增值税混合销售行为的有（　　）。

A．百货商店在销售商品的同时又提供送货服务

B．餐饮公司提供餐饮服务的同时又销售烟酒

C．建材商店在销售木质地板的同时提供安装服务

D．家具制造厂在销售衣柜的同时又提供测量和设计服务

168．（多选题）根据消费税法律制度的规定，甲化妆品厂自产高档化妆品的下列用途中，应征收消费税的有（　　）。

A．用于职工福利　　　　　　　　　B．用于赞助名模大赛

C．用于连续生产高档化妆品　　　　D．用于奖励企业优秀员工

169．（多选题）下列各项中，外购应税消费品已纳消费税款准予扣除的有（　　）。

A．外购已税烟丝生产的卷烟

B．外购汽车轮胎生产的小轿车

C．外购已税珠宝原料生产的金银镶嵌首饰

D．外购已税石脑油为原料生产的应税消费品

170．（判断题）纳税人以已税珠宝玉石生产的首饰可以扣除外购应税消费品已纳消费税。（　　）

171．（判断题）张三购买李四自有轿车一辆，应依照购置税法的规定缴纳车辆购置税。（　　）

172．（不定项选择题）甲医疗器械生产企业为增值税一般纳税人，2020 年 5 月成立。2023 年 10 月有关经济业务如下：

（1）购进生产流感病毒检测试剂盒用原材料，取得增值税专用发票注明税额 85万元；支付其运输费取得增值税专用发票注明税额 1.2 万元。

（2）购进免税药原材料，取得增值税专用发票注明税额 40 万元；支付其运输费取得增值税专用发票注明税额 1 万元。

（3）销售甲型流感病毒检测试剂盒 600 箱，取得含税价款 768.4 万元；没收逾期未退还包装箱押金 22.6 万元。

（4）将 10 箱自产的新型流感病毒检测试剂盒赠送给某大学，成本 4.68 万元/箱，无同类试剂盒销售价格。

（5）销售乙型流感病毒检测试剂盒 500 箱，不含税单价为 1.5 万元/箱。

已知：流感病毒检测试剂盒适用的增值税税率为 13％，成本利润率为 10％。甲企

业取得的扣税凭证均符合抵扣规定。

要求：根据上述资料，不考虑其他因素，分析回答下列问题。

（1）甲企业下列增值税进项税额中，准予抵扣的是（   ）。

    A. 购进免税原料运输费的进项税额 1 万元

    B. 购进流感病毒检测试剂盒原材料运输费的进项税额 1.2 万元

    C. 购进流感病毒检测试剂盒原材料的进项税额 85 万元

    D. 购进免税原材料的进项税额 40 万元

（2）甲企业当月销售甲型流感病毒检测试剂盒增值税销项税额的下列算式中，正确的是（   ）。

    A. $(768.4 + 22.6) \times 13\% = 102.83$（万元）

    B. $(768.4 + 22.6) \div (1 + 13\%) \times 13\% = 91$（万元）

    C. $768.4 \times 13\% = 99.892$（万元）

    D. $[768.4 + 22.6 \div (1 + 13\%)] \times 13\% = 102.492$（万元）

（3）甲企业当月赠送新型流感病毒检测试剂盒增值税销项税额的下列算式中，正确的是（   ）。

    A. $10 \times 4.68 \div (1 + 13\%) \times 13\% = 5.3841$（万元）

    B. $10 \times 4.68 \times (1 + 10\%) \div (1 + 13\%) \times 13\% = 5.9225$（万元）

    C. $10 \times 4.68 \times (1 + 10\%) \times 13\% = 6.6924$（万元）

    D. $10 \times 4.68 \times 13\% = 6.084$（万元）

（4）甲企业当月销售乙型流感病毒检测试剂盒应纳增值税销项税额的下列算式中，正确的是（   ）。

    A. $500 \times 1.5 \times 13\% = 97.5$（万元）

    B. $(1.5 \times 500) \div (1 + 13\%) \times 13\% = 86.3$（万元）

    C. $500 \times 13\% = 65$（万元）

    D. $500 \times 10\% = 50$（万元）

173.（不定项选择题）甲化妆品生产企业（以下称甲企业）为增值税一般纳税人，主要从事各类化妆品的生产销售与加工业务。2023 年 10 月有关经营情况如下：

（1）与乙公司签订买卖合同，销售自产 M 型高档化妆品 3 000 盒，每盒不含增值税售价 1 000 元。其中采取直接收款方式销售 2 000 盒，已发货，取得销售款并开具发票。采取分期收款方式销售 1 000 盒，合同中未约定收款日期；货已发，未收到销售款，甲企业也未开具发票。

（2）与丙公司签订买卖合同，销售成套化妆品 500 盒，每盒不含增值税售价 1 700 元。每盒中包含自产 Y 型高档化妆品和外购的工艺品各一套，不含增值税售价分别 1 615 元、85 元。

（3）与丁商贸公司签订承揽合同，受托加工其定制的高档化妆品。按合同约定，丁商贸公司提供原材料成本 212 500 元，甲化妆品公司收取不含增值税加工费 63 750 元，其中包含代垫的辅助材料 5 100 元。甲化妆品公司无同类高档化妆品销售价格。丁商贸公司已于当月提货。

已知：高档化妆品消费税税率为15%。

要求：根据上述资料，不考虑其他因素，分析回答下列问题。

（1）下列有关甲企业销售自产 M 型高档化妆品的消费税纳税义务发生的时间的表述中，正确的是（　　）。

    A. 采取直接收款方式销售 2 000 盒的消费税，纳税义务发生时间为收到化妆品销售款的当天

    B. 采取直接收款方式销售 2 000 盒的消费税，纳税义务发生时间为开具发票的当天

    C. 采取分期收款方式销售 1 000 盒的消费税，纳税义务发生时间为发出化妆品的当天

    D. 采取分期收款方式销售 1 000 盒的消费税，纳税义务发生时间为收到化妆品销售款并开具发票的当天

（2）计算甲企业当月销售成套化妆品应缴纳消费税税额的下列算式中，正确的是（　　）。

    A. $500 \times 1\ 615 \times 15\% = 121\ 125$（元）

    B. $500 \times 1\ 700 \div (1 - 15\%) \times 15\% = 150\ 000$（元）

    C. $500 \times 1\ 615 \div (1 - 15\%) \times 15\% = 142\ 500$（元）

    D. $500 \times 1\ 700 \times 15\% = 127\ 500$（元）

（3）计算甲企业当月受托为丁商贸公司加工定制的高档化妆品应代收代缴消费税税额的下列算式中，正确的是（　　）。

    A. $(212\ 500 + 63\ 750) \times 15\% = 41\ 437.5$（元）

    B. $(212\ 500 + 63\ 750 - 5\ 100) \div (1 - 15\%) \times 15\% = 47\ 850$（元）

    C. $212\ 500 \div (1 - 15\%) \times 15\% = 37\ 500$（元）

    D. $(212\ 500 + 63\ 750) \div (1 - 15\%) \times 15\% = 48\ 750$（元）

（4）甲企业当月销售及受托加工业务涉及的下列服务处理中，正确的是（　　）。

    A. 与乙公司签订的买卖合同印花税计税依据 = $3\ 000 \times 1\ 000 = 3\ 000\ 000$（元）

    B. 销售及受托加工业务当月增值税销售额 = $(2\ 000 + 300) \times 1\ 000 + 500 \times 1\ 700 + 63\ 750 = 3\ 213\ 750$（元）

    C. 与丙公司签订的买卖合同印花税计税依据 = $500 \times 1\ 700 = 850\ 000$（元）

    D. 与丁商贸公司签订的承揽合同印花税计税依据 = $212\ 500 + 63\ 750 = 27\ 6250$（元）

174.（不定项选择题）甲卷烟厂（以下简称甲厂）为增值税一般纳税人，主要生产销售虎牌卷烟，2023 年 1 月发生如下经营业务：

（1）向农业生产者收购烟叶，实际支付价款 360 万元、另支付 10% 价外补贴，按规定缴纳了烟叶税，开具合法的农产品收购凭证。另支付运费，取得运输公司（小规模纳税人）开具的增值税专用发票，注明运费 5 万元。

(2) 将收购的烟叶 80% 自行加工成烟丝用于生产虎牌卷烟。20% 运往位于县城的乙企业加工成烟丝收回后用于生产虎牌卷烟。

(3) 本月销售虎牌卷烟给丙卷烟批发企业 500 箱,取得不含税收入 1 200 万元。

(4) 本月购入客车 1 辆,用于接送职工上下班,取得机动车销售统一发票注明税额 2.6 万元;购进经营用的运输卡车 1 辆,取得机动车销售统一发票注明税额 3.9 万元。

已知:虎牌卷烟消费税比例税率 56%、定额税率 150 元/箱。

要求:根据上述资料,不考虑其他因素,分析回答下列问题。

(1) 根据业务 (1),甲厂应缴纳的烟叶税是 (   )。

    A. $360 \times 20\% = 72$ (万元)

    B. $360 \times 10\% = 36$ (万元)

    C. $360 \times (1 + 10\%) \times 20\% = 79.2$ (万元)

    D. $360 \times (1 + 10\%) \times 10\% = 39.6$ (万元)

(2) 根据业务 (2),下列应纳消费税的表述中,正确的是 (   )。

    A. 纳税人自产自用的应税消费品,用于连续生产应税消费品的,不纳税

    B. 纳税人自产自用的应税消费品,用于连续生产应税消费品的,于移送使用时纳税

    C. 委托加工的应税消费品,除受托方为个人外,由受托方在向委托方交货时代收代缴消费税

    D. 委托加工的应税消费品,除受托方为个人外,由委托方收回委托加工的应税消费品时缴纳消费税

(3) 根据业务 (3),甲厂应缴纳的消费税是 (   )。

    A. $1\ 200 \times 56\% = 672$ (万元)

    B. $500 \times 150 \div 10\ 000 = 7.5$ (万元)

    C. $1\ 200 \times 56\% + 500 \times 150 = 679.5$ (万元)

    D. $(1\ 200 + 500) \times 56\% = 952$ (万元)

(4) 根据业务 (4),进项税额抵扣正确的是 (   )。

    A. $2.6 + 3.9 = 6.5$ (万元)

    B. 3.9 万元

    C. 2.6 万元

    D. $(2.6 + 3.9) \times 13\% = 0.85$ (万元)

刷易错

175. (单选题) 甲住房租赁公司为增值税一般纳税人,2023 年 10 月向个人出租住房取得含增值税租金收入 6 394 500 元。甲住房租赁公司选择适用简易计税方法计税。

已知向个人出租住房按照5%的征收率减按1.5%计算缴纳增值税，计算甲住房租赁公司当月上述业务应缴纳增值税税额的下列算式中，正确的是（　　）。

A. 6 394 500÷（1+1.5%）×5%=315 000（元）

B. 6 394 500×5%=319 725（元）

C. 6 394 500÷（1+5%）×1.5%=91 350（元）

D. 6 394 500×1.5%=95 917.5（元）

176.（单选题）根据增值税法律制度的规定，一般纳税人在计算增值税应纳税额时，下列各项中，准予从销项税额中抵扣进项税额的是（　　）。

A. 购进用于生产酒的粮食

B. 购进贷款服务

C. 购进后发生非正常损失的交通运输服务

D. 购进的居民日常服务

177.（单选题）根据消费税法律制度的规定，下列各项中，应采用从量计征的是（　　）。

A. 啤酒　　　　　B. 红酒　　　　　C. 白酒　　　　　D. 药酒

178.（单选题）关于消费税从价定率计税销售额，下列说法正确的是（　　）。

A. 消费税计税销售额包括增值税

B. 金银首饰包装费不计入计税销售额

C. 白酒包装物押金收取时不计入计税销售额

D. 白酒品牌使用费应计入计税销售额

179.（不定项选择题）已知A公司主营提供商业咨询服务，为增值税小规模纳税人。其2023年12月发生的经济业务如下：

（1）5日，向一般纳税人B企业提供资料翻译服务，取得含增值税销售额10万元；

（2）10日，向小规模纳税人C企业提供市场调查服务，取得含增值税销售额2万元；

（3）15日，购进办公用品，支付价款4万元，并取得增值税普通发票；

（4）20日，销售公司淘汰的旧固定资产5台，每台收到含增值税价款0.2万元；

（5）28日，收到上个月15日与D个体工商户签订的，出租一间闲置办公室的全年租金8万元。

已知：小规模纳税人采用3%的征收率。小规模纳税人出租其办公室取得的不动产按照5%的征收率征收增值税。房产税从租计征的税率为12%。根据规定，自2023年1月1日至2027年12月31日，对月销售额10万元以下（含本数）的增值税小规模纳税人，免征增值税。增值税小规模纳税人适用3%征收率的应税销售收入，减按1%征收率征收增值税；适用3%预征率的预缴增值税项目，减按1%预征率预缴增值税。

要求：根据上述资料，不考虑其他因素，分析回答下列问题。

（1）A公司当月可以抵扣的进项税额为（　　）万元。

    A. 0   B. 4

    C. 0.2   D. 0.12

（2）A 公司当月，因提供服务而确认的增值税为（   ）。

    A. $(10+2) \times 3\% = 0.36$（万元）

    B. $(10+2) \div (1+3\%) \times 3\% = 0.3496$（万元）

    C. $10 \div (1+3\%) \times 3\% = 0.2912$（万元）

    D. $(10+2) \div (1+1\%) \times 1\% = 0.1188$（万元）

（3）A 公司销售旧固定资产应确认的增值税为（   ）。

    A. $0.2 \div (1+3\%) \times 2\% \times 10\ 000 = 38.84$（元）

    B. $0.2 \div (1+3\%) \times 3\% \times 10\ 000 = 58.25$（元）

    C. $(0.2 \times 5) \div (1+3\%) \times 2\% \times 10\ 000 = 194.17$（元）

    D. $(0.2 \times 5) \div (1+3\%) \times 3\% \times 10\ 000 = 291.26$（元）

（4）A 公司出租闲置办公室涉及增值税及房产税的下列表述中正确的是（   ）。

    A. 出租闲置办公室的增值税纳税义务的发生时间为 11 月 15 日

    B. 出租闲置办公室的增值税纳税义务的发生时间为 12 月 28 日

    C. A 公司出租闲置办公室涉及房产税应为 $= 8 \div (1+5\%) \times 12\% = 0.6858$（万元）

    D. A 公司出租闲置办公室涉及房产税 $= 8 \div (1+5\%) \times (1-30\%) \times 12\% = 0.48$（万元）

180.（不定项选择题）A 公司为增值税一般纳税人，主要从事货物运输服务，2023 年 9 月有关经济业务如下：

（1）购进办公用小轿车 1 部，取得增值税专用发票上注明的价款为 159 375 元；购进货车用柴油，取得增值税专用发票上注明的价款为 318 750 元。

（2）购进职工食堂用货物，取得增值税专用发票上注明的价款为 53 125 元。

（3）提供货物运输服务，取得含增值税价款 1 100 000 元，同时收取奖励费 2 200 元。

（4）向甲个体工商户转让一辆运营期限已满 4 年的小型厢式货运车。

（5）提供货物仓储服务，取得含增值税价款 116 600 元。

已知：购买货物的增值税税率为 13%，交通运输服务增值税税率为 9%，物流辅助服务增值税税率为 6%，取得的增值税专用发票已通过税务机关认证。

要求：根据上述资料，不考虑其他因素，分析回答下列问题。

（1）A 公司下列增值税进项税额中，准予抵扣的是（   ）。

    A. 购进柴油的进项税额

    B. 购进职工食堂用货物的进项税额

    C. 上期留抵的增值税税额

    D. 购进小轿车的进项税额

（2）A 公司当月提供货物运输服务增值税销项税额的下列计算中，正确的是（   ）。

    A. 2 200×9% = 198（元）

    B. 1 100 000×9% = 99 000（元）

    C. （1 100 000 + 2 200）÷（1 + 9%）×9% = 91 007（元）

    D. 1 100 000÷（1 + 9%）×9% = 90 826（元）

（3）A公司向甲个体工商户转让小型厢式货运车的下列说法中，正确的是（   ）。

    A. A公司转让的小型厢式货运车已超过固定资产的折旧期限，无须缴纳增值税

    B. A公司转让小型厢式货运车，应当按照13%税率征收增值税

    C. A公司转让小型厢式货运车，减按2%征收率征收增值税

    D. A公司转让小型厢式货运车，可选择按照简易办法依照3%征收率计算缴纳增值税

（4）A公司提供货物仓储服务增值税销项税额的下列计算中，正确的是（   ）。

    A. 116 600÷（1 + 6%）×6% = 6 600（元）

    B. 116 600×6% = 6 996（元）

    C. 116 600÷（1 + 9%）×9% = 9 628（元）

    D. 116 600×9% = 10 494（元）

刷通关

181.（单选题）甲企业为增值税一般纳税人，该公司实行"免抵退"税管理办法。于2023年10月实际发生如下业务：（1）当月承接了8项国际运输业务，取得收入80万元人民币；（2）增值税纳税申报时，期末留抵税额为14万元人民币。则甲企业结转下期的留抵税额为（   ）万元。

  A. 0   B. 8   C. 7.2   D. 6.8

182.（单选题）某外贸公司为增值税一般纳税人，2023年12月以国外摩托车厂购进250毫升排量的摩托车1 000辆，海关核定的每辆关税完税价为5 000元，从境内报关地运输至该公司支付不含税运费85 200元。则该外贸公司进口环节应缴纳的消费税和增值税合计（   ）元。（摩托车消费税税率为3%，关税税率为40%）

  A. 1 330 000   B. 1 154 639.18

  C. 1 437 334.97   D. 1 453 689.97

183.（单选题）以下关于增值税纳税地点的表述中，错误的是（   ）。

  A. 固定业户在其机构所在地申报纳税

  B. 非固定业户在其居住地或机构所在地申报纳税

  C. 进口货物向报关地海关申报纳税

  D. 总机构和分支机构不在同一县（市）的，分别向各自所在地主管税务机关申

报纳税

184. (多选题) 下列纳税人中,年应税销售额超过规定标准但可以选择按照小规模纳税人纳税的有 (   )。

A. 会计核算健全的单位
B. 非企业性单位
C. 自然人
D. 不经常发生应税行为的企业

185. (多选题) 甲羽绒服服装公司的下列行为中,应按视同销售货物征收增值税的有 (   )。

A. 将其生产的羽绒服赠送给当地环卫工人
B. 以其生产的新款羽绒服参加商品展示、推广会,会后不再收回
C. 委托本地乙商场代销其生产的羽绒服
D. 处理库存羽绒服,以成本价销售给本公司员工

186. (多选题) 下列属于增值税兼营行为的有 (   )。

A. 甲 4S 店的业务包括销售汽车、汽车维修和保养业务
B. 乙电商经营家用电器、服装鞋帽、婴儿用品、图书
C. 丙民宿酒店提供住宿、酒吧服务
D. 丁装修公司在提供装修服务的同时销售装修材料

187. (多选题) 根据增值税法律制度的规定,下列各项中,不征收增值税的有 (   )。

A. 根据国家指令无偿提供的航空运输服务
B. 甲电器维修企业为公立养老院无偿维护电器设备
C. 存款利息
D. 公积金管理中心代收的住宅专项维修资金

188. (判断题) 自 2023 年 1 月 1 日至 2027 年 12 月 31 日,对月销售额 15 万元以下 (含本数) 的增值税小规模纳税人,免征增值税。(   )

189. (判断题) 起征点是指征税对象达到一定数额才开始征税的界限,征税对象的数额达到规定数额的,只对其超过起征点部分的数额征税。(   )

190. (不定项选择题) 如佳宾馆为增值税一般纳税人,主要从事住宿、餐饮、会议场地出租及配套服务。2023 年 10 月发生如下业务:

(1) 提供住宿服务取得不含税销售额 400 万元。
(2) 提供餐饮服务取得不含税销售额 220 万元。
(3) 宾馆停车场向社会开放提供车辆停放服务,取得不含税销售额 50 万元。
(4) 当月购进客房纺织品发生进项税额共计 180 万元,均取得合法的增值税专用发票及其他扣税凭证,按规定申报抵扣进项税额。月底盘货发现购进的纺织品因保管不善发生霉变,价值 15 万元。

要求:根据上述资料,不考虑其他因素,分析回答下列问题。

(1) 如佳宾馆提供住宿和餐饮服务的销项税额为 (   )。

A. (400 + 220)×9% = 55.8 (万元)

B. （400 + 220）÷（1 + 6%）× 6% = 35（万元）

C. （400 + 220）× 6% = 37.2（万元）

D. （400 + 220）× 13% = 80.6（万元）

（2）如佳宾馆停车场向社会开放提供车辆停放服务的征收范围是（   ）。

 A. 按照生活服务征收增值税

 B. 按照经营租赁征收增值税

 C. 按照商务辅助服务征收增值税

 D. 按照不动产经营租赁服务缴纳增值税

（3）如佳宾馆对当期购进业务发生进项税额 180 万元的扣除，下列表述不正确的是（   ）。

 A. 按照进项税额 180 万元，全额扣除

 B. 发生霉变的 15 万元进项税额不得抵扣

 C. 先在当月按照进项税额 180 万元，全额扣除，下个月份再行更正

 D. 经宾馆管理机构集体协商确定扣除办法

（4）如佳宾馆提供不同应税服务，下列关于增值税征收处理的表述中，正确的是（   ）。

 A. 如佳宾馆提供的住宿服务、餐饮服务、车辆停放服务属于混合销售，应当按照销售服务缴纳增值税

 B. 如佳宾馆提供的住宿服务、餐饮服务、车辆停放服务属于混合销售，应当分别核算销售额分别缴纳增值税

 C. 如佳宾馆提供的住宿服务、餐饮服务、车辆停放服务属于兼营，应当分别核算适用不同税率的销售额，未分别核算销售额的，从高适用税率

 D. 如佳宾馆提供的住宿服务、餐饮服务、车辆停放服务属于兼营，适用最高税率征收增值税

191.（不定项选择题）甲汽车制造企业（以下简称甲企业），系增值税一般纳税人，2023 年 7 月发生如下业务：

(1) 7 月 2 日，进口一批汽车零配件，海关审定并缴纳关税。

(2) 7 月 15 日，以分期收款方式销售 S 型小汽车 10 辆给乙企业，总价款为 565 万元（含税）。按照合同约定，乙企业应于 7 月 31 日支付总价款的 60%，余款下月月末付清。但 7 月 31 日甲企业实际仅收到 226 万元。

(3) 7 月 20 日，将 1 辆自产 S 型小汽车转为管理部门办公使用，该小汽车的成本为 40 万元，同类小汽车的不含税销售价格为 50 万元。

已知：小汽车的消费税税率为 12%，增值税税率为 13%，车辆购置税税率为 10%。

要求：根据上述资料，不考虑其他因素，分析回答下列问题。

（1）根据业务（1），甲企业进口汽车零配件的下列选项中，正确的是（   ）。

 A. 应纳消费税   B. 不缴纳消费税

 C. 不缴纳增值税   D. 应纳增值税

（2）根据业务（2），甲企业以分期收款方式销售小汽车当月应缴纳消费税税额的下列表述中，正确的是（　　　）。

A. 甲企业该笔业务纳税义务的发生时间为 7 月 15 日

B. 甲企业该笔业务纳税义务的发生时间为 7 月 31 日

C. 甲企业该笔业务应纳消费税 $=565 \div (1 + 13\%) \times 60\% \times 12\% = 36$（万元）

D. 甲企业该笔业务应纳消费税 $=565 \times 60\% \times 12\% = 40.68$（万元）

（3）根据业务（3），甲企业将自产小轿车交由管理部门办公使用缴纳消费税的下列表述中，正确的是（　　　）。

A. 甲企业自产自用的应税消费品，不用缴纳消费税

B. 甲企业自产自用的应税消费品，除用于连续生产应税消费品不纳税以外，凡用于其他方面的，于移送使用时缴纳消费税，应纳消费税 $=50 \times 1 \times 12\% = 6$（万元）

C. 甲企业自产自用的应税消费品，除用于连续生产应税消费品不纳税以外，凡用于其他方面的，于移送使用时缴纳消费税，应纳消费税 $=50 \div (1 + 13\%) \times 12\% = 5.3$（万元）

D. 甲企业自产自用的应税消费品，除用于连续生产应税消费品不纳税以外，凡用于其他方面的，于移送使用时缴纳消费税，应纳消费税 $=40 \times (1 + 8\%) \div (1 - 12\%) \times 12\% = 5.89$（万元）

（4）根据业务（3），计算甲企业应缴纳车辆购置税税额的下列算式中，正确的是（　　　）。

A. $50 \times 1 \times 10\% = 5$（万元）

B. 0

C. $50 \times 1 \div (1 - 12\%) \times 10\% = 5.68$（万元）

D. $40 \times (1 + 8\%) \div (1 - 12\%) \times 10\% = 4.91$（万元）

第五章　所得税法律制度

刷基础

192. （单选题）依据企业所得税法的规定，下列属于企业所得税纳税人的是（　　）。
    A. 个人独资企业　　　　　　　　B. 合伙企业
    C. 个体工商户　　　　　　　　　D. 外商投资企业

193. （单选题）甲企业 2023 年度实现利润总额 100 万元，在营业外支出账户列支了通过慈善基金会向某灾区捐款 10 万元。根据企业所得税法律制度的规定，在计算甲企业当年应纳税所得额时，允许扣除的捐款数额为（　　）。
    A. 10 万元
    B. 100×12% = 12（万元）
    C. 10×12% = 1.2（万元）
    D. （100 − 10）×12% = 10.8（万元）

194. （单选题）根据企业所得税法律制度的规定，下列确定企业所得税应纳税额时扣除项目的表述中，正确的是（　　）。
    A. 企业在生产经营活动中发生的合理的借款费用，准予扣除
    B. 企业发生的合理的劳动保护支出不超过工资总额的 14% 的部分，准予扣除
    C. 国有企业纳入管理费用的党组织工作经费，实际支出不超过职工年度工资、薪金总额 1% 的部分，可以据实在税前扣除
    D. 企业发生的与生产经营活动无关的各种非广告性质的赞助支出，准予扣除

195. （单选题）按照企业所得税的相关规定，下列说法中，正确的是（　　）。
    A. 销售商品采用托收承付方式的，在发出商品时确认收入
    B. 销售商品采取预收款方式的，在收到预收款时确认收入
    C. 销售商品采用支付手续费方式委托代销的，在收到代销清单时确认收入
    D. 企业以买一赠一方式组合销售本企业商品的，对赠品按照捐赠行为进行税务处理

196. （单选题）某居民企业 2023 年取得销售收入 5 000 万元，出租包装物收入 100 万元，发生与其生产经营活动有关的业务招待费 50 万元。根据企业所得税法律制度的规定，该企业在计算 2023 年应纳税所得额时，准予扣除的业务招待费为（　　）。
    A. 50 万元
    B. 50×60% = 30（万元）
    C. 5 000×5‰ = 25（万元）
    D. （5 000 + 100）×5‰ = 25.5（万元）

197. （单选题）根据企业所得税法律制度的规定，纳税人的下列支出或损失，在计算

企业所得税应纳税所得额时不得扣除的是（　　）。

A. 被市场监管部门处以行政处罚的罚款

B. 购买劳动保护用品的合理支出

C. 环境保护专项资金

D. 在生产经营活动中发生的合理利息支出

198. （单选题）2023 年 9 月李某为某公司提供技术服务，取得劳务报酬所得 10 000 元。李某当月该笔劳务报酬所得应预扣预缴的个人所得税税额为（　　）。

A. $10\,000 \times (1 - 20\%) \times 20\% = 1\,600$（元）

B. $(10\,000 - 800) \times 20\% = 1\,840$（元）

C. $10\,000 \times (1 - 20\%) \times 70\% \times 20\% = 1\,120$（元）

D. $(8\,000 - 800) \times 70\% \times 20\% = 1\,288$（元）

199. （单选题）下列各项中，应当按照工资、薪金所得项目征收个人所得税的是（　　）。

A. 独生子女补贴　　　　　　　　　B. 离退休后再任职的收入

C. 差旅费津贴　　　　　　　　　　D. 误餐补助

200. （单选题）个人取得的下列所得，应按照"工资、薪金所得"缴纳个人所得税的是（　　）。

A. 股东取得股份制公司为其购买并登记在该股东名下的小轿车

B. 因公务用车制度改革个人以现金、报销等形式取得的所得

C. 杂志社财务人员在本单位的报刊上发表作品取得的所得

D. 员工因拥有股权而参与企业税后利润分配取得的所得

201. （多选题）根据个人所得税法律的规定，下列关于专项附加扣除的说法，正确的有（　　）。

A. 住房贷款利息扣除的期限最长不得超过 240 个月

B. 直辖市的住房租金支出的扣除标准是每月 1 500 元

C. 同一学历的继续教育扣除期限不得超过 36 个月

D. 赡养老人专项附加扣除的起始时间为被赡养人年满 60 周岁的当月

202. （多选题）根据企业所得税法律制度的相关规定，在中国境内未设立机构、场所的非居民企业取得的下列收入中，以收入全额为应纳税所得额的有（　　）。

A. 股息、红利所得　　　　　　　　B. 利息收入

C. 租金收入　　　　　　　　　　　D. 财产转让所得

203. （多选题）根据个人所得税法律制度的规定，下列关于创投企业个人合伙人纳税的相关规定的表述，错误的有（　　）

A. 创投企业可以选择按单一投资基金核算或者按创投企业年度所得整体核算两种方式之一

B. 创投企业选择按单一投资基金核算的，其个人合伙人从该基金应分得的股权转让所得和股息红利所得，按照 5% ~35% 的超额累进税率计算缴纳个人所得税

C. 创投企业选择按年度所得整体核算的，其个人合伙人应从创投企业取得的所得，按 20% 的税率计算缴纳个人所得税

D. 创投企业选择按单一投资基金核算或按创投企业年度所得整体核算后，5 年内不能变更

204. （多选题）根据个人所得税法律制度，个体工商户的下列支出中，不得在计算应纳税所得额时扣除的有（　　）。

A. 用于个人和家庭的支出　　　　　B. 赞助支出

C. 被没收财物的损失　　　　　　　D. 税收滞纳金

205. （多选题）下列所得应按照"经营所得"项目缴纳个人所得税的有（　　）。

A. 个体工商户张某对外投资取得的股息所得

B. 出租汽车经营单位对受雇出租车驾驶员采取单车承包的方式运营，出租车驾驶员从事客货营运取得的所得

C. 个人独资企业的个人投资者以企业资金为本人购买房屋

D. 经有关部门批准取得营业执照的个体工商户，从事医疗活动而取得所得

206. （判断题）根据企业所得税法律制度的规定，在中国境内未设立机构、场所的非居民企业从中国境内取得的转让财产所得，应以收入全额为应税所得额。（　　）

207. （判断题）自 2019 年 6 月 1 日起至 2025 年 12 月 31 日，城市社区和农村社区提供养老、托育、家政等服务的机构，提供社区养老、托育、家政服务取得的收入，在计算应纳税所得额时，减按 80% 计入收入总额。（　　）

208. （判断题）企业在筹建期间，发生的广告费和业务宣传费，不超过当年销售（营业）收入 15% 的部分，准予扣除。（　　）

209. （判断题）根据个人所得税法律制度，个体工商户业主的工资薪金支出，可以在计算应纳税所得额时扣除。（　　）

210. （判断题）2023 年 12 月 31 日，居民个人取得限制性股票，应并入当年综合所得计算纳税。（　　）

211. （判断题）企业之间支付的管理费、企业内营业机构之间支付的租金和特许权使用费，以及非银行企业内营业机构之间支付的利息，不得扣除。（　　）

212. （判断题）外籍个人符合居民个人条件的，可以选择同时享受住房补贴、语言训练费、子女教育费津补贴免税优惠政策和专项附加扣除。（　　）

刷提高

213. （单选题）下列关于所得来源地的说法，符合企业所得税相关规定的是（　　）。

A. 租金所得按照收取租金的企业所在地确定

B. 股息所得按照分配所得的企业所在地确定

C. 权益性投资资产转让所得按照投资企业所在地确定

D. 特许权使用费所得按照收取特许权使用费的企业所在地确定

214. （单选题）依据企业所得税优惠政策，下列收入中，属于免税收入的是（　　）。

A. 企业购买国债取得的利息收入

B. 非营利组织从事营利性活动取得的收入

C. 企业投资者转让创新企业 CDR 取得的差价所得

D. 在中国境内设立机构的非居民企业连续持有上市公司股票不足 12 个月取得的投资收益

215. （单选题）甲公司外购一专利权，使用期限为 6 年，该公司为此支付价款和税费 600 万元。同时，该公司自行开发一商标权，开发费用为 500 万元，按 10 年摊销。则专利权和商标权未到期前，该公司每年应当摊销的费用合计为（　　）万元。

A. 100　　　　　B. 150　　　　　C. 110　　　　　D. 183.33

216. （单选题）2023 年 5 月公民张某转让其持有的境内上市公司限售股，取得转让收入 100 万元；限售股原值 80 万元，发生的合理税费 5 万元。张某转让境内上市公司限售股应缴纳的个人所得税为（　　）。

A. 0

B. $100 \times 20\% = 20$（万元）

C. $(100 - 80) \times 20\% = 4$（万元）

D. $(100 - 80 - 5) \times 20\% = 3$（万元）

217. （单选题）居民甲将租入的一栋住房转租，原租入租金每月 6 000 元（能提供合法支付凭证），经重新装修转租收取租金每月 20 000 元，7 月因台风吹坏门窗玻璃发生修缮费 2 000 元，均取得合法票据，不考虑相关税费，则甲 7 月应缴纳的个人所得税为（　　）。

A. $(20\,000 - 6\,000 - 2\,000) \times (1 - 20\%) \times 10\% = 960$（元）

B. $(20\,000 - 6\,000 - 800) \times 10\% = 1\,320$（元）

C. $(20\,000 - 6\,000 - 800) \times (1 - 20\%) \times 10\% = 1\,056$（元）

D. $(20\,000 - 800) \times (1 - 20\%) \times 10\% = 1\,536$（元）

218. （单选题）徐某为家中独子，其父亲 65 周岁，2023 年 1 月取得工资 16 800 元，专项扣除 3 400 元，已知工资、薪金所得预扣预缴个人所得税减除费用 5 000 元/月；赡养老人按每月 3 000 元的标准定额扣除；累计预扣预缴应纳税所得额不超过 36 000 元的部分，预扣率为 3%，计算徐某当月工资、薪金所得应预扣缴个人所得税税额的下列算式中，正确的是（　　）。

A. $16\,800 \times 3\% = 504$（元）

B. $(16\,800 - 5\,000 - 3\,400 - 3\,000) \times 3\% = 162$（元）

C. $(16\,800 - 5\,000) \times 3\% = 354$（元）

D. $(16\,800 - 5\,000 - 3\,000) \times 3\% = 264$（元）

219. （多选题）根据企业所得税法律制度的规定，下列属于中国保险保障基金有限责任公司取得的免税收入的有（　　）。

A. 接受捐赠收入

B. 银行存款利息收入

C. 依法从破产保险公司清算财产中获得的受偿收入

D. 购买中央级金融机构发行债券的利息收入

220. （多选题）以下各项支出中，在计算企业所得税应纳税所得额时不得扣除的有（　　）。

A. 支付给母公司的管理费

B. 按规定缴纳的社保费用

C. 以现金方式支付给某中介公司的佣金

D. 直接向儿童福利院捐赠的资金

221. （多选题）下列关于企业所得税收入的说法中正确的有（　　）。

A. 商业折扣应当按折扣前的金额确定商品销售收入

B. 特许权使用费收入，按照合同约定的特许权使用人应付特许权使用费的日期确认收入的实现

C. 企业接受捐赠收入，按照实际收到捐赠资产的日期确认收入的实现

D. 企业以买一赠一等方式组合销售本企业商品的，不属于捐赠，应将总的销售金额按各项商品的公允价值的比例来分摊确认各项的销售收入

222. （多选题）下列各项关于固定资产折旧年限，表述正确的有（　　）。

A. 由于技术进步、产品更新换代较快的生产设备，最低折旧年限不得低于规定折旧年限的60%

B. 林木类生产性生物资产，折旧年限最低为3年

C. 电子设备折旧年限最低为5年

D. 飞机、火车、轮船以外的运输工具，折旧年限最低为4年

223. （单选题）根据企业所得税法律制度的规定，不允许税前扣除的保险费是（　　）。

A. 按规定为员工缴纳的社会保险费

B. 为职工支付的商业保险费

C. 为特殊工种职工支付的人身安全保险费

D. 不超过职工工资总额5%的补充养老保险

224. （判断题）2027年12月31日前，对保险公司为种植业、养殖业提供保险业务取得的保费收入，在计算应纳税所得额时，按50%计入收入总额。保费收入，不得减去分出的保费。（　　）

225. （判断题）在中国境内未设立机构、场所的，或者虽设立机构、场所但取得的所得与其所设机构、场所没有实际联系的非居民企业，以涉税行为发生地为纳税地点。（　　）

226. （不定项选择题）某居民企业主要生产销售家用电视，计入成本、费用中的企业生产经营部门员工的合理的实发工资540万元，当年发生的工会经费15万元、职工福利费70万元、职工教育经费16万元。

要求：根据上述资料，不考虑其他因素，分析回答下列问题。

（1）该企业职工工会经费（　　）。

A. 按照实际发生额扣除

B. 按照不超过工资、薪金总额 2% 的部分准予扣除，超过部分不得扣除

C. 按照不超过工资、薪金总额 2.5% 的部分准予扣除，超过部分不得扣除

D. 可以扣除 10.8 万元

（2）该企业职工福利费（　　）。

A. 按照不超过工资、薪金总额 14% 的部分准予扣除，超过部分不得扣除

B. 按照不超过工资、薪金总额 14% 的部分准予扣除，超过部分准予在以后纳税年度结转扣除

C. 按照实际发生额全额扣除

D. 可以扣除 75.6 万元

（3）该企业职工教育经费（　　）。

A. 按照不超过工资、薪金总额 8% 的部分准予扣除，超过的部分准予在以后纳税年度结转扣除

B. 可以扣除的数额为 13.5 万元

C. 按照不超过工资、薪金总额 8% 的部分准予扣除，超过的部分不得扣除

D. 可以扣除 16 万元

（4）根据上述题目选项，该企业应调增应纳税所得额（　　）万元。

A. 0　　　　　　　B. 2.5　　　　　　C. 4.2　　　　　　D. 6.7

227.（不定项选择题）张某任职于国内某企业，为我国居民纳税人，2023 年全年取得的收入如下：

（1）从任职企业取得基本工资 12 000 元/月，加班工资 1 000 元/月，独生子女费补贴 200 元/月，差旅费津贴 1 800 元/月，误餐补助 500 元/月。

（2）12 月出租居住用房获得租金 3 500 元，当月发生修理费 1 000 元。

（3）购买赈灾彩票中奖收入 20 000 元，拿出 8 000 元对扶贫公益慈善事业进行捐赠。

（4）转让境内上市公司股票，取得转让收入 5 000 元；取得 A 股股息收入 500 元（持股 8 个月）。

（5）取得国债利息收入 1 000 元。

（6）在某单位兼职取得报酬 2 000 元/月。

已知：当地规定的社会保险和住房公积金个人缴存比例为：基本养老保险 8%，基本医疗保险 2%，失业保险 0.5%，住房公积金 12%。社保部门核定张某社会保险费的缴费工资基数为 10 000 元。张某为独生女，其独生子正就读于高中二年级，张某当年接受计算机专业技术人员职业资格继续教育，并取得相关证书，支出为 5 000 元，经约定符合条件的子女教育专项附加扣除由张某一方按标准的 100% 扣除，继续教育专项附加扣除由张某本人扣除。

要求：根据上述资料，不考虑其他因素，分析回答下列问题。

（1）属于张某的"工资、薪金所得"应税项目的是（　　）。

  A. 基本工资
        B. 加班工资

  C. 独生子女费补贴
      D. 误餐补贴

（2）2023 年，张某以下所得中，需要缴纳个人所得税的是（　　）。

  A. 国债利息收入 1 000 元

  B. 在某单位兼职取得报酬 2 000 元/月

  C. 购买赈灾彩票中奖收入 20 000 元

  D. 12 月出租居住用房获得租金 3 500 元

（3）张某 12 月出租居住用房获得租金应缴纳个人所得税的计算公式是（　　）。

  A.（3 500 – 1 000 – 800）×20%
  B.（3 500 – 1 000 – 800）×10%

  C.（3 500 – 800 – 800）×20%
  D.（3 500 – 800 – 800）×10%

（4）张某购买赈灾彩票中奖后，将该收入进行部分捐赠，需要缴纳的个人所得税是（　　）元。

  A. 0
    B. 2 800
    C. 2 400
    D. 1 440

228.（不定项选择题）甲公司为居民企业。2023 年有关收支情况如下：

（1）取得收入包括：产品销售收入 5 000 万元、出租闲置库房收入 40 万元、国债利息收入 20 万元，逾期未退还的包装物押金收入 2 万元。

（2）实际发生的成本、费用、税金合计数为 3 600 万元。其中包括但不限于：支付税收滞纳金 3 万元、银行加息 10 万元；向投资者支付股息 30 万元，向关联企业支付管理费 17 万元；全年发放工资 1 000 万元，发生职工福利费 150 万元、工会经费 25 万元、职工教育经费 80 万元。

要求：根据上述资料，不考虑其他因素，分析回答下列问题。

（1）甲公司下列收入中，应计入企业所得税应纳税所得额的是（　　）。

  A. 出租库房收入 40 万元

  B. 产品销售收入 5 000 万元

  C. 逾期未退还的包装物押金收入 2 万元

  D. 国债利息收入 20 万元

（2）甲公司下列支出中，在计算 2023 年度企业所得税应纳税所得额时，不得扣除的是（　　）。

  A. 税收滞纳金 3 万元
     B. 银行加息 10 万元

  C. 向关联企业支付的管理费 17 万元
  D. 向投资者支付的股息 30 万元

（3）2023 年该公司职工福利费、工会经费和职工教育经费的纳税调整额是（　　）万元。

  A. 5
    B. 10
    C. 15
    D. 45

（4）甲公司 2023 年度企业所得税应纳税所得额的下列算式正确的是（　　）。

  A. 5 000 + 40 + 2 – 3 600 + 15

  B. 5 000 + 40 + 2 – 3 600 – 10 + 15

C. 5 000 + 40 + 2 − 3 600 + （3 + 30 + 17）+ 15

D. 5 000 + 40 + 2 − 3 600

刷易错

229. (单选题) 居民个人张某为独生子女，2023 年度，其父母均年满 60 周岁；有 2 个孩子，一个 1 岁在上早教班，一个在小学就读。已知，3 岁以下婴幼儿照护、子女教育专项附加扣除均由张某按照每个子女（或婴幼儿）每月 2 000 元的标准定额扣除。赡养老人专项附加扣除标准为 3 000 元/月。张某每月可享受的个人所得税专项附加扣除总金额为（   ）元。

A. 2 000　　　　　B. 4 000　　　　　C. 7 000　　　　　D. 10 000

230. (多选题) 根据个人所得税法律制度的规定，下列各项中暂免征个人所得税的项目有（   ）。

A. 个人转让自用 5 年以上的家庭生活用房取得的所得

B. 残疾、孤老人员的所得

C. 个人取得的储蓄存款利息所得

D. 企业被依法宣告破产，企业职工从该破产企业取得的一次性安置费收入

231. (判断题) 企业根据国家有关政策规定，为在本企业任职或者受雇的全体员工支付的补充养老保险费、补充医疗保险费总额，在不超过职工工资总额 5% 标准内的部分，在计算应纳税所得额时准予扣除；超过的部分，不予扣除。（   ）

232. (不定项选择题) 甲公司为我国境内居民企业。2023 年有关收支情况如下：

（1）取得产品销售收入 5 000 万元、转让机器设备收入 40 万元、国债利息收入 20 万元、客户合同违约金收入 2 万元。

（2）支付税收滞纳金 3 万元、银行加息 10 万元，向投资者支付股息 30 万元，向关联企业支付管理费 17 万元。

（3）发生业务招待费 50 万元，其他可在企业所得税前扣除的成本、费用、税金合计 2 600 万元。

要求：根据上述资料，不考虑其他因素，分析回答下列问题。

（1）甲公司下列收入中，应计入企业所得税应纳税所得额的是（   ）。

A. 转让机器设备收入 40 万元

B. 产品销售收入 5 000 万元

C. 客户合同违约金收入 2 万元

D. 国债利息收入 20 万元

（2）甲公司下列支出中，在计算 2023 年度企业所得税应纳税所得额时，不得扣除的是（   ）。

A. 税收滞纳金 3 万元

  B. 银行加息 10 万元

  C. 向关联企业支付的管理费 17 万元

  D. 向投资者支付的股息 30 万元

（3）甲公司在计算 2023 年度企业所得税应纳税所得额时，允许扣除的业务招待
  费是（   ）万元。

  A. 50   B. 25.2   C. 30   D. 25

（4）甲公司 2023 年度企业所得税应纳税所得额是（   ）万元。

  A. 2 352   B. 2 427   C. 2 407   D. 2 406.8

233.（不定项选择题） 中国公民甲是乙公司会计主管，2023 年全年有关收支情况如下：

（1）每月工资、薪金收入 10 000 元，公司代扣代缴社会保险费共 840 元、住房公
积金 960 元。

（2）利用假期到丙会计师事务所为新入职的员工进行会计实务培训取得报酬
3 800 元。

（3）与大学同学丁共同编写会计培训教材并出版，个人取得稿酬收入 15 000 元。

（4）取得在工商银行存款的利息 10 000 元，私家轿车被暴雨浸泡受损获得机动车
保险赔款 4 000 元，参加会计技能有奖大赛活动取得奖金 2 000 元，在餐厅用餐
取得有奖发票奖金 100 元。

已知：甲正在偿还首套住房贷款及利息；甲为独生女，其父母均已年过 60 周岁；
甲的独生女正在就读大学；甲和其妻子约定由甲扣除住房贷款利息和子女教育
支出。

要求：根据上述资料，不考虑其他因素，分析回答下列问题。

（1）在计算甲的综合所得应纳税所得额时，属于专项扣除的是（   ）。

  A. 社会保险费、住房公积金   B. 住房贷款利息

  C. 子女教育   D. 赡养老人

（2）在计算当年综合所得应纳税所得额时，下列表述中正确的是（   ）。

  A. 甲在会计师事务所取得培训收入属于劳务报酬所得

  B. 甲在会计师事务所取得培训收入属于偶然所得

  C. 甲在会计师事务所取得培训收入的应纳税额 =（3 800 - 800）× 70% × 20%

  D. 甲在会计师事务所取得培训收入的应纳税额 =（3 800 - 800）× 20%

（3）甲的稿酬收入在计算当年综合所得应纳税所得额时的收入额，下列计算列式
  中，正确的是（   ）。

  A. 15 000 ×（1 - 20%）÷ 2

  B. 15 000 ×（1 - 20%）× 70%

  C. （15 000 - 4 000）×（1 - 20%）÷ 2

  D. （15 000 - 4 000）×（1 - 20%）× 70% ÷ 2

（4）甲的下列收入中，免予征收个人所得税的是（   ）。

  A. 存款利息收入 10 000 元

B. 机动车保险赔款收入 4 000 元

C. 参加会计技能大赛取得奖金收入 2 000 元

D. 有奖发票奖金收入 100 元

刷通关

234. （单选题）某生产企业 2023 年取得销售收入 5 000 万元，向广告公司支出广告费用 800 万元，广告已经制作且取得广告公司发票，该企业计算 2023 年企业所得税时可以扣除广告费用（　　）。

A. 800 万元

B. $5\ 000 \times 5‰ = 25$ （万元）

C. $5\ 000 \times 30\% = 1\ 500$ （万元）

D. $5\ 000 \times 15\% = 750$ （万元）

235. （单选题）甲公司为居民企业，2023 年 9 月购入价值 100 万元的生产设备一台，当月投入使用，会计上采取直线法计提折旧（计入当期损益），折旧年限为 10 年，预计净残值为零，甲公司选择税前一次性扣除。甲公司 2023 年企业所得税处理正确的是（　　）。

A. 纳税调增 97.5 万元

B. 纳税调增 96.67 万元

C. 纳税调减 97.5 万元

D. 纳税调减 96.67 万元

236. （单选题）根据个人所得税法律制度的规定，下列各项所得中，应缴纳个人所得税的是（　　）。

A. 托儿补助费

B. 保险赔款

C. 退休人员再任职收入

D. 差旅费津贴

237. （单选题）居民纳税人方某一次性取得稿酬收入 50 000 元，根据个人所得税法律制度的规定，其预扣预缴个人所得税的应纳税所得额是（　　）。

A. $50\ 000 \times 70\% = 35\ 000$ （元）

B. $(50\ 000 - 800) \times 70\% = 34\ 440$ （元）

C. $50\ 000 \times (1 - 20\%) \times 30\% = 12\ 000$ （元）

D. $50\ 000 \times (1 - 20\%) \times 70\% = 11\ 200$ （元）

238. （多选题）根据企业所得税法律制度的规定，下列关于投资资产的成本表述中，正确的有（　　）。

A. 企业对外投资期间，投资资产的成本在计算应纳税所得额时可以扣除

B. 企业在转让或者处置投资资产时，投资资产的成本，不得扣除

C. 通过支付现金方式取得的投资资产，以购买价款为成本

D. 通过支付现金以外的方式取得的投资资产，以该资产的公允价值和支付的相关税费为成本

239. （多选题）下列个人收入，属于纳税人应按"劳务报酬所得"缴纳个人所得税的有（　　）。

A. 张某办理内退手续后，在其他单位重新就业取得的收入

B. 王某由任职单位派遣到外商投资企业担任总经理取得的收入

C. 陈某为供货方介绍业务，从供货方取得的佣金

D. 演员江某外地演出取得由当地主办方支付的演出费

240. （判断题）单位以误餐补助名义发给职工的补助、津贴，不属于工资、薪金性质的补贴、津贴，不予征收个人所得税。（   ）

241. （不定项选择题）甲公司为居民企业，主要从事数码电子产品的销售业务。2023年度发生相关业务如下：

（1）取得国债利息收入 36 万元。

（2）当年 3 月因生产经营活动借款 300 万元，其中向金融企业借款 250 万元，期限 6 个月，年利率为 6%，向非金融企业丙公司借款 50 万元，期限 6 个月，年利率 10%，利息均已支付。

（3）参加财产保险，按规定向保险公司缴纳保险费 5 万元。

（4）通过市民政部门用于公益事业的捐赠支出 100 万元。

（5）全年会计利润总额 750 万元。

要求：根据上述资料，不考虑其他因素，分析回答下列问题。

（1）甲公司的国债利息收入是（   ）。

    A. 其他收入   B. 免税收入   C. 不征税收入   D. 现金收入

（2）根据业务（2），甲公司准予扣除的利息支出的下列计算列式中，正确的是（   ）。

    A. $250 \times 6\% \div 12 \times 6 = 7.5$（万元）

    B. $250 \times 6\% \div 12 \times 6 + 50 \times 10\% \div 12 \times 6 = 10$（万元）

    C. $250 \times 10\% \div 12 \times 6 + 50 \times 10\% \div 12 \times 6 = 15$（万元）

    D. $250 \times 6\% \div 12 \times 6 + 50 \times 6\% \div 12 \times 6 = 9$（万元）

（3）根据业务（3），甲公司参加财产保险按规定向保险公司缴纳保险费 5 万元。下列表述中，不正确的是（   ）。

    A. 可以在不超过职工工资总额 5% 标准内的部分，在计算应纳税所得额时准予扣除；超过的部分，不予扣除

    B. 可以在不超过当年销售收入 5‰ 的部分，准予扣除；超过部分，准予在以后纳税年度结转扣除

    C. 准予全额扣除

    D. 不得扣除

（4）甲公司 2023 年公益捐赠支出的下列表述中，正确的是（   ）。

    A. 甲公司公益捐赠支出的扣除数额 $= 750 \times 12\% = 90$（万元）

    B. 甲公司公益捐赠支出的扣除数额 $= 750 \times 15\% = 112.5$（万元）

    C. 甲公司公益捐赠支出的扣除数额 $= 750 \times 8\% = 60$（万元）

    D. 甲公司公益捐赠支出可以扣除 100 万元

242. （不定项选择题）甲为个体工商户，从事美容美发及相关业务。

要求：根据个人所得税法律制度，不考虑其他因素，分析回答下列问题。

（1）关于甲相关支出扣除的下列表述中，正确的是（　　）。

    A. 甲实际支付给从业人员的、合理的工资、薪金支出，准予扣除

    B. 甲的工资、薪金支出不得税前扣除

    C. 甲为从业人员缴纳的补充养老保险费、补充医疗保险费，分别在不超过从业人员工资总额 5% 标准内的部分据实扣除；超过部分，不得扣除

    D. 甲本人缴纳的补充养老保险费、补充医疗保险费，分别在不超过从业人员工资总额 5% 标准内的部分据实扣除；超过部分，不得扣除

（2）甲以个人名义购入境内上市公司股票（非限售股），同年 9 月出售，持有期间取得股息 1.9 万元；关于甲股息所得应缴纳的个人所得税税额的下列算式中，正确的是（　　）。

    A. $1.9 \times 50\% \times 20\% = 0.19$（万元）

    B. $(1.9 - 0.4) \times 20\% = 0.3$（万元）

    C. $1.9 \times 20\% = 0.38$（万元）

    D. $(1.9 - 0.08) \times 20\% = 0.36$（万元）

（3）甲个体工商户的生产经营费用支出与甲的家庭生活支出混用难以分清，其（　　）视为与生产经营有关的费用，准予扣除。

    A. 10%　　　　　　B. 30%　　　　　　C. 40%　　　　　　D. 60%

（4）甲个体工商户发生的下列费用可以据实扣除是（　　）。

    A. 摊位费　　　　　　　　　　　　B. 行政性收费

    C. 协会会费　　　　　　　　　　　D. 研发费

243. （不定项选择题）中国公民梁某为国内某大学教授，2023 年 1～4 月有关收支情况如下：

（1）1 月转让一套住房，取得含增值税销售收入 945 000 元，该套住房原值 840 000 元，系梁某 2021 年 8 月购入，本次转让过程中，发生合理费用 5 000 元。

（2）2 月获得当地教育部门颁发的区（县）级教育方面的奖金 10 000 元。

（3）3 月转让从公开发行市场购入的上市公司股票 6 000 股，取得股票转让所得 120 000 元。

（4）4 月在甲电信公司购话费获赠价值 390 元的手机一部；获得乙保险公司给付的保险赔款 30 000 元。

假设梁某 2023 年其他收入及相关情况如下：

（1）工资、薪金所得 190 000 元，专项扣除 40 000 元。

（2）劳务报酬所得 8 000 元，稿酬所得 5 000 元。

已知：财产转让所得个人所得税税率为 20%；个人将购买不足 2 年的住房对外销售的，按照 5% 的征收率全额缴纳增值税。综合所得，每一纳税年度减除费用 60 000 元；劳务报酬所得、稿酬所得以收入减除 20% 的费用后的余额为收入额；

稿酬所得的收入额减按 70% 计算。个人所得税税率见下表。

个人所得税税率表（综合所得适用）

级数	全年应纳税所得额	税率（%）	速算扣除数
1	不超过 36 000 元	3	0
2	超过 36 000 元至 144 000 元的部分	10	2 520

要求：根据上述资料，不考虑其他因素，分析回答下列问题。

（1）梁某 1 月转让住房应缴纳个人所得税税额的下列计算中，正确的是（   ）。

A. （945 000 − 840 000）× 20% = 21 000（元）

B. ［945 000 ÷（1 + 5%）− 840 000 − 5 000］× 20% = 11 000（元）

C. （945 000 − 840 000 − 5 000）× 20% = 20 000（元）

D. ［945 000 ÷（1 + 5%）− 840 000］× 20% = 12 000（元）

（2）梁某 1 月转让住房应缴纳增值税税额的下列计算中，正确的是（   ）。

A. 945 000 ÷（1 + 5%）× 5% = 45 000（元）

B. 945 000 × 5% = 47 250（元）

C. （945 000 − 840 000）÷（1 + 5%）× 5% = 5 000（元）

D. （945 000 − 840 000）× 5% = 5 250（元）

（3）梁某的下列所得中，不缴纳个人所得税的是（   ）。

A. 获得的保险赔款 30 000 元

B. 获赠价值 390 元的手机

C. 区（县）级教育方面的奖金 10 000 元

D. 股票转让所得 120 000 元

（4）梁某 2023 年综合所得应缴纳个人所得税税额的下列计算中，正确的是（   ）。

A. （190 000 − 60 000 − 40 000）× 10% − 2 520 + 8 000 ×（1 − 20%）× 3% + 5 000 × 70% × 3% = 6 777（元）

B. （190 000 − 60 000 − 40 000）× 10% − 2 520 + 8 000 ×（1 − 20%）× 3% + 5 000 ×（1 − 20%）× 70% × 3% = 6 756（元）

C. ［190 000 + 8 000 ×（1 − 20%）+ 5 000 ×（1 − 20%）× 70% − 60 000 − 40 000］× 10% − 2 520 = 7 400（元）

D. （190 000 + 8 000 + 5 000 × 70% − 60 000 − 40 000）× 10% − 2 520 = 7 630（元）

第六章 财产和行为税法律制度

刷基础

244. （单选题）2023 年 1 月 1 日，某保险公司以市场价格将自建的一栋住宅楼出租给员工居住，每月取得不含税租金 60 万元，租期 2 年。该保险公司 2023 年应缴纳房产税（   ）万元。

    A. $60 \times 12\% = 7.2$
    B. $60 \times 12\% \times 12 = 86.4$
    C. $60 \times 4\% \times 12 = 28.8$
    D. $60 \times 4\% \times 24 = 57.6$

245. （单选题）根据契税法律制度的规定，下列各项中，属于契税纳税人的是（   ）。

    A. 继承父母股权的儿子张某
    B. 转让办公楼的甲企业
    C. 出租自有住房的孙某
    D. 受赠房屋权属的个体工商户刘某

246. （单选题）下列属于耕地占用税征收范围的是（   ）。

    A. 甲旅游公司占用果园建设采摘休闲度假村
    B. 乙农业大学占用稻田建设农业科研基地
    C. 丙森林农场占用林场修建防病虫害检测设施
    D. 丁生产队占用麦田修建存放收割机的库棚

247. （单选题）下列车辆中，应缴纳车船税的是（   ）。

    A. 挂车
    B. 插电式混合动力汽车
    C. 国际组织驻华代表机构使用的车辆
    D. 武装警察部队专用的车辆

248. （单选题）根据资源税法律制度的规定，下列单位和个人的生产经营行为应缴纳资源税的是（   ）。

    A. 甲冶炼企业进口铁矿石
    B. 乙炊具生产企业购买麦饭石
    C. 丙石油公司开采石油
    D. 丁金矿开采企业开采原矿并加工金锭

249. （单选题）下列各项中，属于临时免征契税的是（   ）。

    A. 夫妻因离婚分割共同财产发生土地、房屋权属变更的
    B. 因不可抗力灭失住房，重新承受住房权属
    C. 婚姻关系存续期间夫妻之间变更土地、房屋权属
    D. 法定继承人通过继承承受土地、房屋权属

250. （单选题）2023 年 1 月 1 日，某金属公司以市场价格将自建的一栋住宅楼出租给员工居住，每月取得不含税租金 80 万元，租期 2 年。该保险公司 2023 年应缴纳房产税为（   ）。

    A. $80 \times 12\% = 9.6$（万元）   B. $80 \times 12\% \times 12 = 115.2$（万元）

    C. $80 \times 4\% \times 12 = 38.40$（万元）   D. $80 \times 4\% \times 24 = 76.8$（万元）

251. （多选题）下列关于房产税房产原值的说法中，不正确的有（   ）。

    A. 与房屋不可分割的各种附属设备或一般不单独计算价值的配套设施应计入房产原值

    B. 纳税人对原有房屋进行改建、扩建的，无须增加房屋的原值

    C. 智能楼宇设备因会计独立核算为固定资产，因此不计入房产原值

    D. 对附属设备和配套设施中易损坏、需要经常更换的零配件，更新后需计入房产原值

252. （多选题）根据土地增值税法律制度的规定，下列属于土地增值税征收范围的有（   ）。

    A. 房地产的交换   B. 合作建房

    C. 房地产的出租   D. 出让国有土地

253. （多选题）关于城镇土地使用税的征收管理，下列说法中不正确的有（   ）。

    A. 纳税人新征用的非耕地，自批准征用之月起缴纳城镇土地使用税

    B. 纳税人新征用的土地，必须于批准新征用之日起 15 日内申报登记

    C. 城镇土地使用税按年计算，分期缴纳，纳税期限由市级人民政府确定

    D. 在同一省范围内，纳税人跨地区使用土地的，由省级税务局确定纳税地点

254. （多选题）下列关于车船税征收管理的说法中，正确的有（   ）。

    A. 依法不需要办理登记的车船，车船税的纳税地点为车船所有人或管理人的所在地

    B. 对于依法不需要购买机动车交强险的车辆，纳税人应当向主管税务机关申报纳税

    C. 购买的船舶，纳税义务发生时间为购买发票或其他证明文件所载日期的当月

    D. 车船税按年申报，分月缴纳，纳税年度为公历 1 月 1 日到 12 月 31 日

255. （多选题）下列各项中，属于环境保护税征税范围，应缴纳环境保护税的有（   ）。

    A. 超标的工业噪声

    B. 直接向环境排放的大气污染物

    C. 事业单位向依法设立的污水集中处理场所排放应税污染物

    D. 企业在符合国家和地方环境保护标准的场所贮存固体废物的

256. （多选题）下列情形中，不可以享受免征土地增值税税收优惠政策的有（   ）。

    A. 非营利单位转让办公用房

    B. 企业之间互换办公用房

C. 双方合作建房，建成后转让的

D. 企业转让旧房作为改造安置住房，且增值率未超过 20%

257. （多选题）下列占用耕地的行为中，征收耕地占用税的有（　　）。

A. 农田水利设施占用耕地　　　　　B. 医院内职工住房占用耕地

C. 专用铁路和铁路专用线占用耕地　D. 城区内机动车道占用耕地

刷提高

258. （单选题）秦某是个人独资企业业主，2023 年 1 月将价值 90 万元的自有房产投入独资企业作为经营场所；4 月以 200 万元的价格购入一处房产；8 月将价值 300 万元的自有仓库与另一企业价值 260 万元的仓库互换，秦某收取差价 40 万元。以上金额均不含增值税。当地适用契税税率为 4%，秦某以上交易应缴纳契税（　　）。

A. $200 \times 4\% = 8$（万元）　　　　B. $(90 + 200) \times 4\% = 11.6$（万元）

C. $(200 + 40) \times 4\% = 9.6$（万元）　D. $(90 + 200 + 40) \times 4\% = 13.2$（万元）

259. （单选题）下列用地行为，应计算缴纳城镇土地使用税的是（　　）。

A. 甲市属美岭公园内索道公司经营用地

B. 甲市市民休闲音乐广场用地

C. 甲市市政绿化用地

D. 甲市直接用于农业生产的土地

260. （单选题）2023 年 5 月甲市某铁矿生产企业生产中产生冶炼渣 300 吨，其中储存在符合国家环境保护标准的设施中 30 吨；符合甲市本地环境保护标准综合利用 90 吨，其余露天堆放在企业厂区外空地待处理。已知冶炼渣环境保护税税率为 25 元/吨。下列该煤矿生产企业当月所产生冶炼渣应缴纳环境保护税税额的下列算式中，正确的是（　　）。

A. $300 \times 25 = 7\,500$（元）

B. $(300 - 30 - 90) \times 25 = 4\,500$（元）

C. $(300 - 90) \times 25 = 5\,250$（元）

D. $(300 - 30) \times 25 = 6\,750$（元）

261. （单选题）甲企业 2022 年 5 月通过挂牌方式取得一宗建设用地，土地出让合同约定 2022 年 6 月交付，土地使用证记载占地面积为 6 000 平方米。该土地年税额 4 元/平方米，该公司当年应缴纳城镇土地使用税（　　）。

A. $6\,000 \times 4 \times 7 \div 5 = 33\,600$（元）　　B. $6\,000 \times 4 \div 12 = 200$（元）

C. $6\,000 \times 4 \div 7 = 3\,429$（元）　　　　D. $6\,000 \times 4 \times 6 \div 12 = 12\,000$（元）

262. （单选题）关于资源税税率，下列说法中，不正确的是（　　）。

A. 水资源税根据当地水资源状况、取用水类型和经济发展等情况实行差别税率

B. 纳税人开采或者生产不同税目应税产品的，应当分别核算不同税目应税产品的销售额或者销售数量；未分别核算或者不能准确提供不同税目应税产品的销售额或者销售数量的，从高适用税率

C. 纳税人以自采原矿洗选加工为选矿产品销售，在原矿移送环节缴纳资源税

D. 开采原油以及在油田范围内运输原油过程中用于加热的原油、天然气免征资源税

263. （多选题）下列关于耕地占用税的说法中，正确的有（　　）。

A. 耕地占用税以纳税人实际占用的耕地面积为计税依据，按照规定的适用税额一次性征收

B. 在我国境内占用耕地建设建筑物、构筑物或者从事非农业建设的单位和个人为耕地占用税的纳税人

C. 免税学校内的经营性场所占用耕地，按当地适用税额缴纳耕地占用税

D. 耕地占用税自纳税义务发生之日起10日内申报纳税

264. （多选题）根据房产税相关规定，下列房产可免征房产税的有（　　）。

A. 按政府规定价格出租的公有住房

B. 市文工团的办公用房

C. 公园内的照相馆用房

D. 施工期间为基建工地服务的临时性办公用房

265. （多选题）单位或个人购置使用下列车辆无须计算缴纳车船税的有（　　）。

A. 汽车挂车

B. 排气量超过150毫升的摩托车

C. 电动摩托车

D. 悬挂应急救援专用号牌的国家综合性消防救援车辆

266. （判断题）对以房产投资收取固定收入、不承担经营风险的，实际上是以联营名义取得房屋租金，应以出租方取得的租金收入为计税依据计缴房产税。（　　）

267. （判断题）甲企业将闲置库房出租给乙公司，双方订立库房租赁合同。据此，甲企业应缴纳印花税；乙公司应缴纳印花税和契税。（　　）

268. （判断题）依法设立的生活垃圾集中处理场所，应当缴纳环境保护税。（　　）

刷易错

269. （单选题）下列房产中，免征房产税的是（　　）。

A. 宗教寺庙中宗教人员的生活用房产　　B. 房地产开发企业出售前已出租的房产

C. 继续使用的危险房产　　D. 公园中的影剧院房产

270. （单选题）下列行为中，应计算缴纳契税的是（　　）。

A. 国家机关购买办公用房　　B. 法定继承人继承房屋权属

C. 母公司将土地出租给全资子公司　　D. 以协议出让方式承受土地使用权

刷通关

271.（单选题）计算土地增值税时，允许扣除的利息支出包括（　　）。

A. 超过国家有关规定上浮幅度的利息部分

B. 超过贷款期限的利息部分

C. 向金融机构借款可按项目分摊的利息部分

D. 加罚的利息

272.（单选题）依据印花税征税范围的规定，下列合同中应计算缴纳印花税的是（　　）。

A. 未按期兑现合同　　　　　　　B. 银行同业拆借合同

C. 无息贷款合同　　　　　　　　D. 电网与用户之间签订的合同

273.（多选题）根据耕地占用税的相关规定，下列说法中正确的有（　　）。

A. 采用地区差别定额税率

B. 每个幅度最高税额是最低税额的 5 倍

C. 占用基本农田的，按照适用税额加按 150% 征收

D. 在人均耕地低于 0.5 亩的地区，省、自治区、直辖市可以根据当地经济发展情况，适当提高耕地占用税的适用税额，但提高的部分不得超过税法规定适用税额的 30%

274.（多选题）下列关于车船税的说法中，正确的有（　　）。

A. 购置的新车船，购置当年的应纳税额自纳税义务发生的当月起按月计算

B. 商用货车的计税依据是整备质量吨位数

C. 对节约能源车船，免予征收车船税

D. 车船税按年申报，分月计算，一次性缴纳

275.（判断题）为避免对一块土地同时征收耕地占用税和城镇土地使用税，凡是缴纳了耕地占用税的，应从批准征用之次月起征收城镇土地使用税。（　　）

276.（判断题）甲公司 2023 年 11 月以 2 000 万元（不含增值税）购入一幢旧写字楼作为办公用房，该写字楼原值 1 800 万元，已计提折旧 800 万元。当地适用契税税率 3%，甲公司购入写字楼应缴纳契税 60 万元。（　　）

277.（判断题）甲房地产开发企业最近三年受房地产市场销售需求下降的影响，其资金周转严重不足导致不能向施工单位支付建设工程款，经与施工单位协商用其开发建设的商品房用于抵偿部分工程款。根据土地增值税法律制度的规定，对此甲房地产开发企业应缴纳土地增值税。（　　）

278.（判断题）一份合同由两方以上当事人共同签订，签订合同的各方当事人都是印花税纳税人，应各就其所持合同的计税金额履行缴纳印花税的义务。（　　）

第七章　税收征管法律制度

刷基础

279.（单选题）下列各项中，属于海关征收的税种是（　　）。

A. 印花税
B. 关税
C. 烟叶税
D. 资源税

280.（单选题）有关税务登记的下列表述中，正确的是（　　）。

A. 具备法人资格的企业应当自领取工商营业执照之日起 30 日内申报办理税务登记

B. 企业分支机构不具有法人资格无须办理税务登记

C. 纳税人到外地临时从事生产经营活动的，应当申请办理《外管证》

D. 纳税人未办理过涉税事宜，无欠税（滞纳金）及罚款且没有其他未办结涉税事项的，可免办清税证明直接申请办理注销登记

281.（单选题）下列纳税申报方式表述中，正确的是（　　）。

A. 纳税人可以根据自身需要选择直接申报、简易申报、邮寄申报的申报方式

B. 直接申报是主要的申报方式

C. 邮寄申报以收到的邮戳日期为实际申报日期

D. 纳税人采取数据电文方式办理纳税申报的，其申报日期以税务机关计算机网络系统收到该数据电文的时间为准

282.（单选题）下列关于发票管理的说法中，不正确的是（　　）。

A. 发票包括纸质发票和电子发票

B. 发票的基本联次包括存根联、发票联、记账联

C. 开具纸质发票无须加盖发票专用章

D. 电子发票与纸质发票具有同等法律效力

283.（单选题）对采用普通流程申请注销的纳税人，未办理过涉税事宜且主动到税务机关办理清税的，税务机关可根据纳税人提供的营业执照（　　）。

A. 免予办理清税证明

B. 即时出具清税文书

C. 在其作出承诺后，即时出具清税文书

D. 根据清税结果向纳税人统一出具清税证明

284.（多选题）纳税人未按照规定期限缴纳税款的，扣缴义务人未按照规定期限解缴

税款的，税务机关的措施有（　　　）。

A. 责令限期缴纳

B. 从滞纳税款之日起，按日加收滞纳税款万分之五的滞纳金

C. 采取税收保全措施

D. 采取税收强制执行措施

285. （多选题）根据税收征收管理法律制度的规定，属于纳税主体义务的有（　　　）。

A. 依法设账 　　　　　　　　　B. 按期缴纳税款

C. 税收监督 　　　　　　　　　D. 接受税务检查

286. （多选题）下列选项中，应当办理税务注销登记的有（　　　）。

A. 甲企业破产

B. 境外乙公司在我国境内设备安装项目完工

C. 丙国有独资企业撤销

D. 丁个体工商户停业

287. （判断题）纳税人甲企业逾期未申报纳税被认定为非正常户的纳税人，甲企业对逾期未申报行为接受处罚、缴纳罚款，并补办纳税申报后，经甲企业申请税务机关应解除其非正常状态。（　　　）

288. （判断题）纳税人因生产设备发生故障，技术人员经验不足，导致发生较大损失，不能按期缴纳税款的，经省、自治区、直辖市税务局批准，可以延期缴纳税款。（　　　）

289. （判断题）纳税人对征税行为不服的，应当先向复议机关申请行政复议，对行政复议决定不服的，可以向人民法院提起行政诉讼。（　　　）

290. （判断题）生产、经营规模小又确无建账能力的纳税人，可以聘请经批准从事会计代理记账业务的专业机构或者财会人员代为建账和办理账务。（　　　）

291. （判断题）纳税人已经开具的发票存根联和发票登记簿，应当保存 5 年。保存期满，纳税人的会计机构与档案管理机构会同组织销毁。（　　　）

刷提高

292. （单选题）甲公司按规定最晚应于 2021 年 4 月 18 日缴纳应纳税款 200 000 元，但其迟迟未缴。税务机关责令其于当年 5 月 31 日前缴纳，并按日加收 0.05% 的滞纳金。甲公司直至当年 6 月 17 日才将税款缴清。计算甲公司应缴纳滞纳金金额的下列算式中，正确的是（　　　）。

A. 200 000 ×（12 + 31）× 0.05% = 4 300（元）

B. 200 000 ×（13 + 31 + 17）× 0.05% = 6 100（元）

C. 200 000 ×（12 + 31 + 17）× 0.05% = 6 000（元）

D. 200 000 ×（13 + 31）× 0.05% = 4 400（元）

293. （单选题）根据税收征收管理法律制度的规定，下列各项中，不适用纳税担保的情形是（   ）。

A. 纳税人同税务机关在纳税上发生争议而未缴清税款，需要申请行政复议的

B. 纳税人在税务机关责令缴纳应纳税款限期内，有明显转移、隐匿其应纳税的商品、货物以及应纳税收入迹象的

C. 欠缴税款、滞纳金的纳税人或者其法定代表人需要出境的

D. 从事生产、经营的纳税人未按规定期限缴纳税款，税务机关责令限期缴纳，逾期仍未缴纳的

294. （单选题）根据税收征收管理法的规定，下列各项中，属于税收保全措施的是（   ）。

A. 没收纳税人违法所得

B. 核定纳税人的应纳税额

C. 拍卖纳税人价值相当于应纳税款的货物，以拍卖所得抵缴税款

D. 查封纳税人价值相当于应纳税款的货物

295. （单选题）根据规定，税务行政复议决定书发生法律效力的时间是（   ）。

A. 该决定书作出之日   B. 该决定书送达之日

C. 该决定书作出之日起第 15 日   D. 该决定书送达之日起第 60 日

296. （多选题）纳税人在办理税务注销时，对未处于税务检查状态、无欠税及罚款、已缴销增值税专用发票及税控专用设备，且符合下列情形之一的纳税人，可以采取"承诺制"容缺办理的有（   ）。

A. 纳税信用级别为 B 级的纳税人

B. 控股母公司纳税信用级别为 B 级的 M 级纳税人

C. 未达到增值税纳税起征点的纳税人

D. 省级人民政府引进人才创办的企业

297. （多选题）根据税收征管法律制度的规定，下列应当办理税务登记的有（   ）。

A. 甲有限责任公司

B. 果农张某在外乡流动售卖自产水果

C. 丙合伙企业

D. 丁公司设立在外地的分公司

298. （判断题）王某为个体工商户，租用其居住小区底商零售水暖五金件，同时还接受一些零散的五金水暖的改造、维修、更换零配件的业务。王某的经营规模较小、产品零星，同时会计账册不健全，但能控制原材料或进销货，所以其税款的征收适用税务机关核定应纳税额的方式。（   ）

299. （判断题）无固定生产经营场所的流动性农村小商贩可以不办理税务登记。（   ）

300. （判断题）申请人对税务机关作出逾期不缴纳罚款加处罚款的决定不服的，应当先缴纳罚款和滞纳金，再申请行政复议。（   ）

刷易错

301.（单选题）根据《税收征管法律制度》中延期缴纳税款制度的规定，下列表述中正确的是（　　）。

A. 经税务机关批准的延期纳税，免予加收滞纳金

B. 税务机关不予批准的延期纳税，从缴纳税款期限届满次日起加收滞纳金

C. 纳税人因特殊困难延期缴纳税款，必须经省、自治区、直辖市税务局批准，但最长不得超过 1 个月

D. 纳税人因特殊困难延期缴纳税款，必须经县级以上税务机关批准，但最长不得超过 1 个月

302.（多选题）根据《税收征管法律制度》的相关规定，下列有关税款的补缴和追缴的表述不正确的有（　　）。

A. 因税务机关的责任，致使纳税人、扣缴义务人未缴或者少缴税款的，税务机关在 5 年内可以向纳税人、扣缴义务人追缴税款，但是不得加收滞纳金

B. 因纳税人、扣缴义务人计算错误等失误，未缴或者少缴税款的，税务机关在 3 年内可以追征税款、滞纳金；有特殊情况的，追征期可以延长到 10 年

C. 对偷税、抗税、骗税的，税务机关追征其未缴或者少缴的税款、滞纳金或者所骗取的税款，不受前款规定期限的限制

D. 补缴和追征税款、滞纳金的期限，自纳税人、扣缴义务人应缴未缴或者少缴税款之日起计算

303.（判断题）河南省郑州市甲公司到江苏省南通市临时从事经营活动的单位，应当持河南省郑州市税务机关的证明，向江苏省南通市税务机关领用当地的发票。（　　）

刷通关

304.（单选题）关于发票的领用，下列说法中错误的是（　　）。

A. 临时到本省、自治区、直辖市以外从事经营活动的单位或者个人，应当凭所在地税务机关的证明，向经营地税务机关领用经营地的发票

B. 临时在本省、自治区、直辖市以内跨市、县从事经营活动领用发票的办法，由省、自治区、直辖市税务机关规定

C. 主管税务机关根据领用单位和个人的经营范围、规模和风险等级，在 15 个工作日内确认领用发票的种类、数量以及领用方式

D. 需要临时使用发票的单位和个人，可以凭购销商品、提供或者接受服务以及从事其他经营活动的书面证明、经办人身份证明，直接向经营地税务机关申请代开发票

305. （单选题）根据税收征收管理法律制度的规定，纳税人对税务机关作出的下列行政行为不服的，应当先向复议机关申请行政复议，对行政复议决定不服的，可以再向人民法院提起行政诉讼的是（   ）。

A. 停止出口退税权   B. 加收滞纳金

C. 税收强制执行措施   D. 没收违法所得

306. （多选题）下列各项中，不属于税务机关有权采取"核定征收"方式征税的有（   ）。

A. 曾因偷税（逃税）被税务机关给予二次行政处罚再犯的

B. 依照法律、行政法规的规定可以不设置账簿的

C. 外商投资企业的账簿、凭证和报表不使用中文的

D. 未按期进行纳税申报的

307. （多选题）根据税收征收管理法律制度的规定，纳税人对税务机关的下列行为不服的，可以提出行政复议申请的有（   ）。

A. 加收滞纳金   B. 评定纳税信用等级

C. 代开发票   D. 罚款

308. （判断题）税务机关对单价 5 000 元以下的其他生活用品，不采取税收保全措施和强制执行措施。（   ）

309. （判断题）税务行政复议对重大、复杂的案件，申请人提出要求或者行政复议机构认为必要时，应当采取听证的方式审理，但是涉及国家秘密、商业秘密或者个人隐私的除外。（   ）

第八章　劳动合同与社会保险法律制度

310.（单选题）根据《劳动合同法》的规定，用人单位与劳动者建立劳动关系的起算日期是（　　）。

A. 劳动用工之日起

B. 用人单位与劳动者签订劳动合同之日起

C. 劳动合同约定的试用期满之日起

D. 用人单位与劳动者达成用工意向之日起

311.（单选题）2023 年 7 月 1 日，甲公司与张三签订了 2 年期限的劳动合同。合同约定，张三月工资 5 000 元，试用期 3 个月，试用期月工资 4 200 元。劳动合同签订当日张三即来公司上班，此后双方依约履行。2023 年 12 月，张三得知公司与其约定的试用期违法，要求公司支付赔偿金。甲公司依法应向张三支付的赔偿金为（　　）元。

A. 4 200　　　　　B. 5 000　　　　　C. 1 600　　　　　D. 800

312.（单选题）根据劳动合同法律制度的规定，下列属于劳动合同必备条款的是（　　）。

A. 试用期　　　　　　　　　　　B. 服务期

C. 劳动合同期限　　　　　　　　D. 福利待遇

313.（单选题）依照劳动合同法律制度的规定，下列情形中，用人单位与劳动者可以不订立书面劳动合同的是（　　）。

A. 试用期用工　　　　　　　　　B. 非全日制用工

C. 固定期限用工　　　　　　　　D. 无固定期限用工

314.（单选题）下列有关劳动者带薪休假的表述中，不正确的是（　　）。

A. 小李在甲公司工作已满 15 年，可享受年休假 15 天

B. 2021 年小李向甲公司相关部门申请年休假分春节探母和暑假陪娃两段安排

C. 2022 年初小李因母亲生病住院向公司请事假一个月，单位未扣工资，小李不再享受当年的年休假

D. 小李年休假期间遇周六日不计入年休假的假期

315.（单选题）根据《劳动合同法》的规定，针对一些因工作性质或工作条件不受标准工作时间限制的工作岗位，适用没有固定工作时间限制的工作制度，是

指（ ）。

A. 不定时工作制   B. 综合计算工时制

C. 非全日制工时制   D. 固定工时制

316. （单选题）下列有关无效劳动合同的表述中，正确的是（ ）。

A. 对劳动合同的无效或者部分无效有争议的，由劳动争议仲裁机构或者人民法院确认

B. 无效劳动合同，从确认时起就没有法律约束力

C. 劳动合同部分无效，其他部分需要当事人重新签订

D. 劳动合同无效都是由于用人单位违反法律、行政法规强制性规定导致的

317. （单选题）根据劳动合同法律制度的规定，因劳动者本人原因给用人单位造成经济损失的，用人单位可按照劳动合同的约定要求其赔偿经济损失。经济损失从劳动者本人工资扣除的，在扣除后的剩余工资部分不低于当地月最低工资标准的前提下，每月从其工资中扣除的比例不得超过（ ）。

A. 10%   B. 20%   C. 25%   D. 40%

318. （单选题）甲公司为员工李某提供培训费，同时约定李某为公司服务 3 年。李某服务期未满离职。下列说法正确的是（ ）。

A. 李某服务期内不得离职

B. 李某离职应按照培训费全额支付违约金

C. 甲公司不得要求李某支付违约金

D. 甲公司可以要求李某就服务期尚未履行的部分支付违约金

319. （单选题）甲餐厅聘用张某担任洗碗工，口头约定用工形式为非全日制形式，工作时间为每日 13 点至 16 点，每周工作 6 天。关于该劳动关系的下列表述中，正确的是（ ）。

A. 甲餐厅与张某未签订书面劳动合同，劳动关系未建立

B. 双方解除劳动合同需提前 30 日通知对方

C. 张某不得兼职

D. 张某的小时计酬标准不得低于甲餐厅所在地的最低小时工资标准

320. （多选题）根据社会保险法律制度的规定，企业职工的下列情形中，应当由基本医疗保险基金支付的医疗费用有（ ）。

A. 甲企业员工张某应当从工伤治疗发生的医疗费用

B. 乙公司员工赵某因心脏病急诊发生的医疗费用

C. 孙某在境外就医发生的医疗费用

D. 丙公司员工秦某因火灾烧伤抢救发生的医疗费用

321. （多选题）根据《劳动合同法》的规定，下列选项中，属于无效劳动合同的有（ ）。

A. 甲企业与员工订立的，不提供职工宿舍的劳动合同

B. 乙企业雇用未满 16 周岁的未成年人的劳动合同

C. 丙企业与员工订立的，增加劳动报酬而社会保险由员工自行缴纳的劳动合同

D. 丁企业与员工订立的，员工考取各类资格证书费用自负的劳动合同

322. （多选题）根据劳动合同法律制度的规定，下列关于劳动合同履行的表述中，正确的有（   ）。

A. 用人单位拖欠劳动报酬的，劳动者可以依法向人民法院申请支付令

B. 用人单位发生合并或者分立等情况，应当重新签订劳动合同

C. 劳动者拒绝用人单位管理人员违章指挥、强令冒险作业的，不视为违反劳动合同

D. 用人单位变更名称的，不影响劳动合同的履行

323. （多选题）某公司技术总监黄某跳槽去别家公司，下列对于黄某竞业限制的说法中，正确的有（   ）。

A. 原公司可以与黄某签订竞业限制协议，限制黄某一定时期的择业权

B. 原公司限制黄某一定时期的择业权，应按月支付黄某经济补偿

C. 原公司按月支付黄某经济补偿，黄某违反竞业限制协议，应向原公司支付违约金

D. 黄某违反竞业限制约定，向原公司支付违约金后，可以不再履行竞业限制义务

324. （多选题）下列有关劳务派遣用工的表述中，不正确的有（   ）。

A. 劳务派遣用工是企业用工的补充形式

B. 劳务派遣用工适用于企业非重要的工作岗位上

C. 用人单位使用的被派遣劳动者数量不得超过其用工总量的 15%

D. 劳务派遣单位不得以非全日制用工形式招用被派遣劳动者

325. （多选题）根据《劳动合同法》的规定，有关合同解除和终止的经济补偿的下列表述中，正确的有（   ）。

A. 经济补偿金是经用人单位与劳动者协商，就劳动合同解除由用人单位支付给劳动者的违约补偿

B. 经济补偿金是在劳动者无过错的情况下劳动关系解除和终止，由用人单位应当向劳动者支付一定数额的经济上的补偿

C. 经济补偿金是用人单位和劳动者由于自己的过错给对方造成损害时，所应承担的不利的法律后果

D. 经济补偿金是根据劳动者在用人单位的工作年限和工资标准来计算具体金额，并以货币形式支付给劳动者

326. （判断题）用人单位安排劳动者加班的，可以通过补休或者支付加班费的方式补偿劳动者。（   ）

327. （判断题）甲公司为王某支付培训费 2 万元，约定服务期 5 年；3 年后王某离职。因王某未完成服务期，其应向甲公司支付违约金 2 万元。（   ）

328. （判断题）非全日制用工双方当事人任何一方都可以随时通知对方终止用工。终止用工，用人单位不向劳动者支付经济补偿。（   ）

329.（判断题）劳动者与用人单位发生劳动争议的，可以向劳动争议仲裁机关提请仲裁，也可以向人民法院提起劳动诉讼。（　　）

330.（判断题）参加职工基本养老保险的个人，达到法定退休年龄时累计缴费满 15 年的，按月领取基本养老金。（　　）

刷提高

331.（单选题）甲公司社会招聘录用赵某并与之订立了 2 年期限劳动合同，双方约定赵某月工资 3 000 元，试用期 2 个月，已知当地月最低工资标准 2 000 元，当地职工月平均工资 5 000 元，试用期内，甲公司向赵某支付的试用期月工资最低不得低于（　　）。

A. 3 000×80% = 2 400（元）　　　　　B. 2 000×80% = 1 600（元）

C. 5 000×80% = 4 000（元）　　　　　D. 3 000 元

332.（单选题）张某与甲公司签订劳动合同，双方约定，甲公司为张某提供 1 万元的培训费，张某为甲公司服务 5 年。劳动合同履行 2 年后，甲公司未按照劳动合同约定提供劳动保护条件，致使张某工作环境污染严重，张某提出解除劳动合同。对此下列说法正确的是（　　）。

A. 张某可以解除劳动合同，但需要向甲公司支付违约金

B. 张某可以解除劳动合同，但应向甲公司支付服务期尚未履行部分的违约金

C. 张某没有履行完 5 年服务期的约定，所以不得解除劳动合同

D. 张某没有违反服务期的约定，可以解除与甲公司的劳动合同并不用支付违约金

333.（单选题）A 公司核心技术人员蔡某跳槽到同行业企业 B 公司前，与 A 公司达成竞业限制的约定。根据《劳动合同法》的规定，竞业限制期限是（　　）。

A. 不得超过 6 个月　　　　　　　　　B. 不得超过 12 个月

C. 不得超过 2 年　　　　　　　　　　D. 不得超过 3 年

334.（单选题）失业人员失业前用人单位和本人累计缴纳失业保险费满 1 年不足 5 年的，领取失业保险金的期限最长为（　　）个月。

A. 6　　　　　　B. 12　　　　　　C. 18　　　　　　D. 24

335.（单选题）根据社会保险法律制度的规定，下列情况应认定为工伤的是（　　）。

A. 自杀

B. 醉酒摔伤

C. 吸毒昏迷

D. 下班途中受到非本人主要责任的交通事故伤害

336.（多选题）2022 年 10 月 10 日，王某应聘进入甲公司工作，双方约定：工作期限 3 年，月工资 5 000 元。此后公司按月支付，但直到 2023 年 12 月底，甲公司仍未与王某签订书面劳动合同。下列关于甲公司与王某之间劳动合同订立及后果的表

述中，正确的有（　　）。

A. 甲公司可以随时和王某签订 3 年期的劳动合同

B. 应视为自 2023 年 10 月 10 日起甲公司与王某已订立无固定期限劳动合同

C. 王某有权要求甲公司支付违约金

D. 王某有权要求甲公司支付 2022 年 11 月 11 日至 2023 年 10 月 9 日期间的 2 倍工资补偿

337.（多选题）根据《劳动合同法》的规定，下列情形中，用人单位应当向劳动者支付经济补偿金的有（　　）。

A. 劳动者在试用期内提前 3 日通知用人单位解除劳动合同

B. 企业转产，经变更劳动合同后，仍需裁减人员而和劳动者解除劳动合同的

C. 用人单位和劳动者之间解除劳动关系后，限制劳动者一定时期择业权的

D. 因发生自然灾害，公用设施抢修人员延长工时的

338.（多选题）根据劳动合同法律制度的规定，下列关于劳务派遣合同的表述中正确的有（　　）。

A. 劳务派遣单位应当与被派遣劳动者订立 2 年以下的固定期限劳动合同

B. 用工单位的正式员工为 100 人，则其使用的被派遣劳动者不能超过 10 人

C. 被派遣劳动者在无工作期间，劳务派遣单位应当按照所在地人民政府规定的最低工资标准，向其按月支付报酬

D. 劳务派遣单位和用工单位均不得向被派遣劳动者收取费用

339.（多选题）根据司法解释的相关规定，劳动者与用人单位之间发生劳动争议，当事人不服劳动争议仲裁机构作出的裁决，依法提起诉讼的，人民法院应予受理的有（　　）。

A. 劳动者与用人单位之间没有订立书面劳动合同，但已形成劳动关系后发生的纠纷

B. 劳动者以用人单位未为其办理社会保险手续，且社会保险经办机构不能补办导致其无法享受社会保险待遇为由，要求用人单位赔偿损失发生的纠纷

C. 劳动者因工受伤，请求用人单位依法给予工伤保险待遇发生的纠纷

D. 因执行国家标准，在休息休假方面发生的争议

340.（判断题）某农场举行秋收采摘节活动，聘用 20 名采摘区域管理员，该劳动合同，不得约定试用期。（　　）

341.（判断题）李某执行单位工作安排，在 2022 年 10 月 1 日和 10 月 2 日国庆节假期期间加班 2 天。李某本人日工资为 360 元，国庆节加班获得的加班工资为 2 160 元。（　　）

342.（判断题）用人单位因经济性裁员裁减人员后，在 6 个月内重新招用人员的，应当通知被裁减的人员，并在同等条件下优先招用被裁减的人员。（　　）

343.（判断题）医疗期是指企业职工因工负伤停止工作，治病休息，但不得解除劳动合同的期限。（　　）

344.（不定项选择题）2019 年 1 月 4 日，甲公司与李某订立劳动合同，月工资 5 000 元，劳动合同期限 5 年。2020 年 1 月 5 日，李某在出差途中突发心脏病入院治疗，一个半月后出院上班。住院治疗期间，甲公司按月向李某支付工资。

2021 年李某月平均工资 6 500 元。当地职工上年度月平均工资 4 500 元。

2022 年 10 月 10 日，李某在工作时，被车间坠物砸伤腿部致残并被确认部分丧失劳动能力，住院治疗 2 个月后出院。因李某腿部伤残不能从事原工作，甲公司欲解除双方的劳动合同。

要求：根据上述资料，不考虑其他因素，分析回答下列问题。

（1）关于李某在出差途中突发心脏病入院治疗法律后果的下列表述中，正确的是（　　）。

    A. 李某在工作中突发心脏病应视同工伤

    B. 李某在工作中突发心脏病不应认定为工伤

    C. 李某可享受 3 个月的医疗期待遇

    D. 李某应享受停工留薪期待遇

（2）李某 2022 年每月应缴纳的职工基本养老保险费是（　　）元。

    A. 360   B. 520   C. 440   D. 1 040

（3）关于李某被车间坠物砸伤法律后果的下列表述中，正确的是（　　）。

    A. 李某受伤应认定为工伤

    B. 李某受伤住院期间治疗工伤的医疗费用、康复费用和住院伙食补助费从工伤保险基金中支付

    C. 李某受伤住院期间的工资福利待遇，由甲公司按月支付

    D. 劳动能力鉴定费由李某自行负担

（4）甲公司欲解除劳动合同的下列表述中，正确的是（　　）。

    A. 甲公司可提前 30 日以书面形式通知李某解除劳动合同

    B. 甲公司可额外支付李某 1 个月工资后解除劳动合同

    C. 甲公司不得单方面解除与李某的劳动合同

    D. 甲公司无须提前通知李某即可解除劳动合同

345.（不定项选择题）因 A 市城市改造占地征用甲公司的生产场地，甲公司将其主要的生产项目迁至在 B 市的乙分公司。为此，乙分公司大规模招聘员工。2022 年 8 月乙分公司在当地招聘了 150 名工人，并于 2022 年 9 月 1 日分别与员工签订了劳动合同。在签订劳动合同时，根据员工的工作经验不同分别约定了 1 个月、3 个月和 6 个月的试用期。

2022 年 10 月因公司资金周转发生困难，未能及时支付当月的员工工资，当地劳动行政部门接投诉后责令公司限期支付，但截至 11 月底公司仍然未能支付员工工资。

要求：根据上述资料，不考虑其他因素，分析回答下列问题。

（1）乙分公司与员工签订劳动合同的下列说法中正确的是（　　）。

  A. 乙分公司是甲公司的分支机构，不得独立与员工签订劳动合同

  B. 乙分公司取得营业执照的，可以与员工签订劳动合同

  C. 乙分公司未依法取得营业执照的，应当以甲公司的名义与员工签订劳动合同

  D. 乙分公司未依法取得营业执照的，受甲公司委托，可以与员工签订劳动合同

（2）下列条款中属于劳动合同可备条款的是（ ）。

  A. 竞业限制条款   B. 服务期条款

  C. 试用期条款   D. 加班条款

（3）《劳动合同法》有关劳动合同的试用期限是根据（ ）规定的。

  A. 劳动合同期限   B. 劳动者的工作经验

  C. 劳动者的年龄   D. 劳动者的受教育水平

（4）对于乙分公司逾期不支付员工工资的法律责任，下列表述中正确的是（ ）。

  A. 用人单位逾期不支付劳动报酬的，劳动行政部门责令用人单位按应付金额 30% 的标准向劳动者加付赔偿金

  B. 用人单位逾期不支付劳动报酬的，劳动行政部门责令用人单位按应付金额 50% 的标准向劳动者加付赔偿金

  C. 用人单位逾期不支付劳动报酬的，劳动行政部门责令用人单位按应付金额 100% 的标准向劳动者加付赔偿金

  D. 用人单位逾期不支付劳动报酬的，劳动行政部门责令用人单位按应付金额 50% 以上 100% 以下的标准向劳动者加付赔偿金

刷易错

346.（单选题）甲公司因企业重整而与张某解除合同，已知张某工作年限为 25 年，在到甲公司就职前在乙公司工作 15 年，在与乙公司解除劳动合同时已获得了相应的经济补偿。张某与甲公司合同解除前 12 个月的月平均工资为 12 000 元，当地上年度职工月平均工资为 3 000 元。根据《劳动合同法》的规定，劳动合同解除时，甲公司应向张某支付的经济补偿金是（ ）。

  A. 3 000×3×10 = 90 000（元） B. 3 000×3×12 = 108 000（元）

  C. 3 000×25 = 75 000（元）   D. 3 000×12 = 36 000（元）

347.（单选题）甲公司员工张某因患胃癌，术后遵医嘱休息，下列表述不正确的是（ ）。

  A. 张某在医疗期内不能痊愈的，经企业和劳动主管部门批准，可以适当延长医疗期

  B. 张某在医疗期内，甲公司应当支付张某全额工资

C. 医疗期满，张某无法工作被甲公司解除劳动合同，甲公司应当给予经济补偿

D. 医疗期内遇张某与甲公司劳动合同期满，则劳动合同必须续延至医疗期满

348. （单选题）甲企业职员郭某的月工资为 8 000 元，已知当地职工基本医疗保险的单位缴费率为 6%，职工个人缴费率为 2%，用人单位所缴纳医疗保险费划入个人医疗账户的比例为 30%。下列关于郭某个人医疗保险账户每月的储存额计算中，正确的是（   ）。

A. 8 000 × 2% = 160（元）

B. 8 000 × 6% × 30% = 144（元）

C. 8 000 × 2% + 8 000 × 6% × 30% = 304（元）

D. 8 000 × 2% + 8 000 × 6% = 640（元）

349. （多选题）甲企业员工田某因公出差途中遇交通事故身受重伤，田某医治期间发生的下列费用，应当从工伤保险基金中支付的有（   ）。

A. 治疗工伤的医疗费用和康复费用　　　B. 住院伙食补助费

C. 治疗工伤期间的工资福利　　　D. 安装配置伤残辅助器具所需费用

350. （不定项选择题）张三在乙公司工作 15 年，从基层财务人员逐步升职至公司财务部经理。2022 年 4 月乙公司发现出纳李四在外单位兼职，通过邮件要求李四纠正，李四拒不改正；2022 年 5 月 5 日乙公司向李四发出辞退信函。乙公司公开招聘会计岗位的员工，恰逢张三的儿子大学毕业待业在家，于是张三推荐其儿子来公司应聘出纳岗位。2022 年 10 月 10 日乙公司收到李四的劳动仲裁申请书。

要求：根据上述资料，不考虑其他因素，分析回答下列问题。

（1）根据《劳动合同法》的规定，张三的年休假应当是（   ）天。

　　A. 5　　　　　B. 10　　　　　C. 15　　　　　D. 20

（2）乙公司辞退李四的下列表述中不正确的是（   ）。

　　A. 乙公司不得单方解除劳动合同

　　B. 乙公司可以单方解除劳动合同，但应当给予李四经济补偿

　　C. 乙公司可以和李四协商一致解除劳动合同，不需向李四支付经济补偿

　　D. 乙公司可以单方解除劳动合同，而且不需向李四支付经济补偿

（3）有关张三的儿子来乙公司应聘出纳岗位的下列说法中正确的是（   ）。

　　A. 张三的儿子不得来乙公司应聘出纳岗位

　　B. 张三的儿子可以来乙公司应聘出纳岗位

　　C. 张三的儿子不得来乙公司应聘会计岗位

　　D. 张三的儿子可以来乙公司应聘会计岗位

（4）有关李四申请劳动仲裁的下列说法中不正确的是（   ）。

　　A. 李四申请劳动仲裁已经超过了 45 天的申请仲裁的时效期间

　　B. 乙公司收到仲裁申请书副本后，应当在 5 日内向仲裁委员会提交答辩书

　　C. 仲裁庭在作出裁决前，应当先行调解

　　D. 劳动仲裁的申请费由败诉一方负担

刷通关

351. （单选题）根据《劳动合同法》的规定，下列有关用人单位延长工作时间的表述中，正确的是（　　）。

A. 用人单位不得延长工时

B. 用人单位由于生产经营需要，经与工会和劳动者协商后可以延长工作时间

C. 延长工时每日不得超过 3 小时

D. 延长工时每月不得超过 36 小时

352. （单选题）用人单位支付给劳动者的报酬形式是（　　）。

A. 法定货币　　　　　　　　　　　B. 公司股票

C. 企业债券　　　　　　　　　　　D. 企业产品

353. （单选题）甲企业职工张某的 2023 年 1 月份工资为 8 000 元，上年度月平均工资为 7 000 元。张某 2023 年每月应缴纳的基本养老保险费是（　　）。

A. 7 000 × 8% = 560 （元）　　　　B. 7 000 × 16% = 1 120 （元）

C. 7 000 × 20% = 1 400 （元）　　　D. 7 000 × 2% = 140 （元）

354. （单选题）根据《劳动合同法》的规定，下列关于劳务派遣的表述中，不正确的是（　　）。

A. 存续时间不超过 6 个月的工作岗位的用工适用劳务派遣用工形式

B. 用工单位使用的被派遣劳动者数量不得超过其用工总量的 10%

C. 劳务派遣用工由派遣的劳动者与用工单位订立劳动合同

D. 被派遣劳动者在无工作期间，劳务派遣单位应当按照所在地人民政府规定的最低工资标准，向其按月支付报酬

355. （多选题）根据《劳动合同法》的规定，下列选项中用人单位既不得解除劳动合同，也不得终止劳动合同的有（　　）。

A. 疑似职业病患者在医学观察期间的

B. 因工负伤并被确认丧失劳动能力的

C. 女职工在哺乳期的

D. 在本单位连续工作满 15 年，且距法定退休年龄不足 5 年的

356. （多选题）吴某与所任职甲公司因解除劳动合同经济补偿数额发生争议，不能通过调解解决而申请劳动仲裁。根据《劳动争议仲裁法》的规定，下列表述正确的有（　　）。

A. 吴某可以向甲公司所在地的劳动仲裁委员会申请劳动仲裁

B. 吴某申请劳动仲裁应当提交书面仲裁申请并缴纳仲裁费

C. 就该争议劳动仲裁委员会所作出的裁决书为终局裁决

D. 甲公司对劳动仲裁裁决书不服的，可以向人民法院提起诉讼

357. （多选题）失业人员在领取失业保险金期间有下列情形之一的，应当停止领取失

业保险金，并同时停止享受其他失业保险待遇的有（　　）。

A. 移居海外

B. 应征服兵役

C. 被判刑收监执行的

D. 没有正当理由，拒不接受当地人民政府指定部门或者机构介绍的适当工作的

358.（判断题）2023 年 3 月初甲企业人事部门与员工乙口头协商，将乙的工作岗位调动至甲企业在上海的分公司工作，乙同意并于当月到岗。2023 年 6 月乙提出该工作岗位的调动没有形成书面的告知，所以无效。（　　）

359.（判断题）用人单位应当自用工之日起 30 日内为其职工向社会保险经办机构申请办理社会保险登记。（　　）

360.（不定项选择题）王某是甲企业的核心技术人员。2021 年 5 月达到退休年龄，当月办理了退休手续。在王某办理退休手续时，甲公司告知王某在 2 年内不得在相关企业相关领域内从业，一经发现要向甲公司支付违约金。2022 年 7 月王某申请劳动仲裁，事由包括：第一，王某 2021 年春节初一、初二、初三加班 3 天，甲公司未按照《劳动合同法》的规定标准支付加班费；第二，与甲公司因住房制度改革产生的公有住房转让产生纠纷不能调解解决。王某的劳动仲裁申请被仲裁委员会驳回。

要求：根据上述资料，不考虑其他因素，分析回答下列问题。

（1）王某春节初一、初二、初三加班，依据《劳动合同法》规定的支付加班费标准是（　　）。

A. 用人单位依法安排劳动者在法定休假节日工作的，按照不低于劳动合同规定的劳动者本人日或小时工资标准的300% 支付劳动者工资

B. 用人单位依法安排劳动者在休息日工作，而又不能安排补休的，按照不低于劳动合同规定的劳动者本人日或小时工资标准的 200% 支付劳动者工资

C. 用人单位依法安排劳动者在日标准工作时间以外延长工作时间的，按照不低于劳动合同规定的劳动者本人小时工资标准的 150% 支付劳动者工资

D. 用人单位依法安排劳动者在法定休假节日工作的，按照不低于劳动合同规定的劳动者本人日或小时工资标准的 200% 支付劳动者工资

（2）王某与甲公司因春节加班费的纠纷申请劳动仲裁，被仲裁委员会驳回的下列理由中符合法律规定的是（　　）。

A. 王某与甲公司因春节加班费的纠纷不属于劳动争议而被驳回

B. 王某与甲公司因春节加班费的纠纷超过了申请劳动仲裁的时效期限而被驳回

C. 王某与甲公司因春节加班费的纠纷因王某已经退休而被驳回

D. 王某与甲公司因春节加班费的纠纷因未经过调解程序而被驳回

（3）王某与甲公司因住房制度改革产生的公有住房转让产生纠纷，下列表述中不

正确的是（　　）。

A. 该纠纷应当向房屋所在地劳动仲裁委员会申请仲裁

B. 该纠纷应当先经过调解后再申请劳动仲裁

C. 该纠纷当事人不服劳动争议仲裁机构作出的裁决，依法提起诉讼的，人民法院应予受理

D. 该纠纷不属于劳动争议

（4）有关甲公司竞业限制的下列说法中正确的是（　　）。

A. 甲公司竞业限制不适用于王某

B. 王某若违反竞业限制的约定，应当向甲公司支付违约金

C. 甲公司在竞业限制期限内应当按月给予王某经济补偿；王某若违反竞业限制的约定，应当按照约定向甲公司支付违约金

D. 在竞业限制期限内，甲公司可以请求解除竞业限制协议，王某仍可以请求甲公司额外支付 3 个月的竞业限制经济补偿

第二部分

速刷题参考答案及解析

答案速查

1. B	2. D	3. D	4. D	5. D
6. B	7. B	8. B	9. ABCD	10. ABCD
11. ABCD	12. ABC	13. ABC	14. ABCD	15. ×
16. ×	17. ×	18. D	19. D	20. A
21. C	22. ACD	23. ABD	24. ACD	25. ABC
26. ABC	27. AB	28. ×	29. ×	30. √
31. B	32. D	33. BC	34. ×	35. D
36. D	37. A	38. BC	39. ACD	40. ABCD
41. ×	42. ×			

第二章　会计法律制度				
43. B	44. B	45. C	46. A	47. C
48. C	49. C	50. A	51. D	52. BCD
53. BC	54. ABC	55. ABCD	56. AB	57. ABD
58. ×	59. ×	60. B	61. C	62. C
63. D	64. D	65. ABCD	66. ABC	67. ×
68. ×	69. ×	70. （1）BC	（2）ABC	（3）ABCD
（4）A	71. （1）A	（2）ABD	（3）ABC	（4）ABCD
72. B	73. ABC	74. ×	75. （1）BD	（2）BC
（3）B	（4）BD	76. A	77. D	78. B
79. A	80. BD	81. ABCD	82. ×	83. （1）A
（2）AB	（3）ABCD	（4）B		

第三章　支付结算法律制度				
84. B	85. B	86. B	87. B	88. D
89. B	90. D	91. B	92. ABCD	93. ABD

续表

第三章　支付结算法律制度				
94. AC	95. ACD	96. CD	97. ABCD	98. ×
99. √	100. √	101. ×	102. ×	103. ×
104. ×	105. C	106. B	107. D	108. A
109. B	110. D	111. BD	112. ABCD	113. AC
114. ABCD	115. AD	116. √	117. ×	118. ×
119.（1）BD	（2）BC	（3）ABC	（4）D	120. A
121. A	122. AB	123. ×	124.（1）D	（2）AB
（3）B	（4）BCD	125. C	126. D	127. D
128. ABCD	129. BC	130. ×	131.（1）C	（2）CD
（3）A	（4）BC	132.（1）C	（2）B	（3）ABC
（4）ABD	133.（1）ACD	（2）CD	（3）BD	（4）B
134.（1）BC	（2）ABD	（3）A	（4）AD	

第四章　税法概述及货物和劳务税法律制度				
135. D	136. A	137. B	138. A	139. A
140. C	141. D	142. B	143. A	144. B
145. AB	146. ACD	147. AD	148. ABD	149. ACD
150. ABC	151. AB	152. ABD	153. √	154. ×
155. ×	156. √	157. ×	158. D	159. B
160. B	161. D	162. A	163. D	164. A
165. C	166. AC	167. ABCD	168. ABD	169. AD
170. ×	171. ×	172.（1）BC	（2）B	（3）C
（4）A	173.（1）AC	（2）D	（3）D	（4）ABC
174.（1）C	（2）AC	（3）C	（4）B	175. C
176. A	177. A	178. D	179.（1）A	（2）D
（3）C	（4）BC	180.（1）ACD	（2）C	（3）B
（4）A	181. D	182. B	183. B	184. BD
185. ABC	186. ABC	187. ABCD	188. ×	189. ×

续表

第四章 税法概述及货物和劳务税法律制度				
190.（1）C	（2）D	（3）ACD	（4）C	191.（1）BD
（2）BC	（3）B	（4）A		

第五章 所得税法律制度				
192. D	193. A	194. C	195. C	196. D
197. A	198. A	199. B	200. B	201. ABD
202. ABC	203. BCD	204. ABCD	205. CD	206. ×
207. ×	208. ×	209. ×	210. ×	211. √
212. ×	213. B	214. A	215. B	216. D
217. C	218. B	219. ABCD	220. ACD	221. BCD
222. AD	223. B	224. ×	225. ×	226.（1）BD
（2）AC	（3）AD	（4）C	227.（1）AB	（2）BCD
（3）D	（4）B	228.（1）ABC	（2）ACD	（3）C
（4）C	229. C	230. CD	231. ×	232.（1）ABC
（2）ACD	（3）D	（4）C	233.（1）A	（2）AD
（3）B	（4）ABD	234. D	235. C	236. C
237. D	238. CD	239. CD	240. ×	241.（1）B
（2）D	（3）ABD	（4）A	242.（1）ABC	（2）A
（3）C	（4）ABC	243.（1）B	（2）A	（3）ABD
（4）C				

第六章 财产和行为税法律制度				
244. C	245. D	246. A	247. A	248. C
249. A	250. C	251. BCD	252. ABC	253. ABC
254. ABC	255. AB	256. ABC	257. BCD	258. A
259. A	260. B	261. D	262. C	263. ABC
264. ABD	265. CD	266. √	267. ×	268. ×
269. A	270. D	271. C	272. A	273. ABC
274. ABD	275. ×	276. √	277. √	278. √

续表

第七章　税收征管法律制度				
279. B	280. D	281. D	282. C	283. B
284. AB	285. ABD	286. ABC	287. ×	288. ×
289. √	290. √	291. ×	292. C	293. D
294. D	295. B	296. ACD	297. ACD	298. ×
299. √	300. √	301. B	302. AB	303. √
304. C	305. B	306. ACD	307. ABCD	308. √
309. ×				

第八章　劳动合同与社会保险法律制度				
310. A	311. B	312. C	313. B	314. A
315. A	316. A	317. B	318. D	319. D
320. BD	321. BC	322. ACD	323. ABC	324. BC
325. BD	326. ×	327. ×	328. √	329. ×
330. √	331. A	332. D	333. C	334. B
335. D	336. BD	337. BC	338. CD	339. ABC
340. √	341. √	342. √	343. ×	344. （1）BC
（2）B	（3）ABC	（4）C	345. （1）BD	（2）ABC
（3）A	（4）D	346. A	347. B	348. C
349. ABD	350. （1）B	（2）ABC	（3）AD	（4）ABD
351. B	352. A	353. A	354. C	355. ABCD
356. AC	357. ABCD	358. ×	359. √	360. （1）A
（2）B	（3）ABC	（4）BCD		

第一章　总　论

刷基础

1. 【答案】B　【解析】国务院在职权范围内为实施宪法和法律而制定、发布的规范性文件是行政法规。

2. 【答案】D　【解析】选项 A，属于营利法人；选项 B，是特别法人；选项 C，是自然人，均可成为法律关系主体；选项 D，可以成为法律关系的客体，但因为不能享有法律权利并承担法律义务，所以不能成为法律关系的主体。

3. 【答案】D　【解析】法律行为是指以法律关系主体意志为转移，能够引起法律后果的活动，选项 A、B、C 属于法律事件。

4. 【答案】D　【解析】法律事件是不以法律主体的主观意志为转移的，能引起法律关系发生、变更和消灭的现象。选项 A、B、C 属于法律行为。

5. 【答案】D　【解析】选项 D，是行政责任——行政处罚。

6. 【答案】B　【解析】选项 A，个人独资企业是非法人组织。选项 C，居民委员会是特别法人。选项 D，商业银行是营利法人。

7. 【答案】B　【解析】法是统治阶级国家意志的体现。

8. 【答案】B　【解析】选项 A，宪法由国家最高立法机关即全国人民代表大会制定，是国家的根本大法。选项 C，国务院各部、委员会、中国人民银行、审计署和具有行政管理职能的直属机构，可以根据法律和国务院的行政法规、决定、命令，在本部门的权限范围内，制定规章。选项 D，国际条约属于国际法而不属于国内法的范畴，但我国签订和加入的国际条约对于我国的国家机关、社会团体、企业、事业单位和公民也有约束力，因此，这些条约就其具有与国内法同样的拘束力而言，也是我国法律的形式之一。

9. 【答案】ABCD　【解析】解决法的效力冲突的一般原则：根本法优于普通法，上位法优于下位法，新法优于旧法，特别法优于一般法。

10. 【答案】ABCD　【解析】经济法律关系的客体包括：物、人身人格、智力成果、信息、数据、网络虚拟财产和行为。

11. 【答案】ABCD　【解析】选项 A、B、C，属于法律事实的法律行为。选项 D，属于法律事实的法律事件。

12. 【答案】ABC　【解析】选项 D，是特别法人。

13. 【答案】ABC　【解析】选项 D，不能完全辨认自己行为的成年人是限制行为能力人。

14. 【答案】ABCD 【解析】根据规定，法律关系主体包括：自然人（本国人、外籍人）、法人、非法人组织、国家。

15. 【答案】× 【解析】按照行为的性质可分为合法行为和违法行为，合法行为可以引起经济法律关系的发生、变更和消灭，违法行为同样也可以引起经济法律关系的发生、变更和消灭。

16. 【答案】× 【解析】根据规定，8 周岁以上的未成年人为限制民事行为能力人，实施民事法律行为由其法定代理人代理或者经其法定代理人同意、追认；但是，可以独立实施纯获利益的民事法律行为或者与其年龄、智力相适应的民事法律行为。

17. 【答案】× 【解析】醉酒的人犯罪，应当负刑事责任。没有可以从轻、减轻处罚的规定。

刷提高

18. 【答案】D 【解析】我国法的空间效力在域内效力分为：在全国范围内有效，选项 D；在局部地区有效，选项 A、B、C。

19. 【答案】D 【解析】选项 D，根据主体实际参与行为的状态，把法律行为分为自主行为和代理行为。选项 A，根据行为的法律性质，把法律行为分为合法行为与违法行为。选项 B，根据行为是否通过意思表示，把法律行为分为意思表示行为与非意思表示行为。选项 C，根据行为人取得权利是否需要支付对价把法律行为分为有偿行为和无偿行为。

20. 【答案】A 【解析】经济法律关系的客体包括：物、人身人格、智力成果、信息、数据、网络虚拟财产和行为。智力成果是知识产权的客体，包括作品、发明、实用新型、外观设计、商标等。

21. 【答案】C 【解析】选项 A、B、D，限制行为能力人，实施民事法律行为由其法定代理人代理或经其法定代理人同意、追认；但是可以独立实施纯获利益的民事法律行为以及与其年龄、智力或精神健康状况相适应的民事法律行为。

22. 【答案】ACD 【解析】选项 B，部门规章适用于全国范围内的本部门内部。

23. 【答案】ABD 【解析】选项 C，王五主动放弃继承权是意思表示行为。

24. 【答案】ACD 【解析】选项 B，是法人终止的情形。

25. 【答案】ABC 【解析】根据规定，设立人为设立法人从事的民事活动，其法律后果由法人承受；法人未成立的，其法律后果由设立人（一人时）承受，设立人为二人以上的，享有连带债权，承担连带债务。设立人为设立法人以自己的名义从事民事活动产生的民事责任，第三人有权选择请求法人或者设立人承担。

26. 【答案】ABC 【解析】营利法人的权力机构、执行机构作出决议的会议召集程序、表决方式违反法律、行政法规、法人章程，或者决议内容违反法人章程的，营利法人的出资人可以请求人民法院撤销该决议。但是，营利法人依据该决议与善意相对人形成的民事法律关系不受影响。

27.【答案】AB 【解析】选项 C、D，是已满 14 周岁不满 16 周岁的人，应当负刑事责任的犯罪。

28.【答案】× 【解析】法定代表人因执行职务造成他人损害的，由法人承担民事责任。法人承担民事责任后，依照法律或者法人章程的规定，可以向有过错的法定代表人追偿。

29.【答案】× 【解析】已满 12 周岁不满 14 周岁的人，犯故意杀人、故意伤害罪，致人死亡或者以特别残忍手段致人重伤造成严重残疾，情节恶劣的，经最高人民检察院核准追诉的，应当负刑事责任。

30.【答案】√ 【解析】我国法律对人效力采用的是结合主义原则，即以属地主义为主，但又结合属人主义与保护主义的一项原则。

刷易错

31.【答案】B 【解析】选项 A，已满 75 周岁的人故意犯罪的，可以从轻或者减轻处罚；过失犯罪的，应当从轻或者减轻处罚。选项 C，又聋又哑的人或者盲人犯罪，可以从轻、减轻或者免除处罚。选项 D，间歇性的精神病人在精神正常的时候犯罪，应当负刑事责任。尚未完全丧失辨认或者控制自己行为能力的精神病人犯罪的，应当负刑事责任，但是可以从轻或者减轻处罚。

32.【答案】D 【解析】选项 A，刑事责任的主刑。选项 B、C，是刑事责任的附加刑。特别注意区分行政责任和刑事责任有关没收、罚款与罚金的责任形式。

33.【答案】BC 【解析】选项 A，数罪并罚是指一人犯数罪的，除判处死刑和无期徒刑的以外，应当在总和刑期以下、数刑中最高刑期以上，酌情决定执行的刑罚。选项 B，民事责任的方式可以单独适用，也可以合并适用。选项 C，行政处罚的禁止从业。选项 D，罚款是行政责任；罚金是刑事责任。

34.【答案】× 【解析】分支机构以自己的名义从事民事活动，产生的民事责任由法人承担；也可以先以该分支机构管理的财产承担，不足以承担的，由法人承担。

刷通关

35.【答案】D 【解析】限制民事行为能力人是指行为能力受到一定的限制，只有部分行为能力的自然人。在民法上，8 周岁以上的未成年人，不能完全辨认自己行为的成年人为限制民事行为能力人。选项 A，李某 16 周岁以上的未成年人，以自己的劳动收入为主要生活来源的，视为完全民事行为能力人。选项 B，不能辨认自己行为的成年人为无民事行为能力人。选项 C，不满 8 周岁的未成年人为无民事行为能力人。选项 D，张某虽然以自己的劳动收入为主要的生活来源，但年龄未满 16 周岁，属于限制民事行为能力人。

36. 【答案】D 【解析】法律关系的主体是指参加法律关系，依法享有权利和承担义务的当事人。

37. 【答案】A 【解析】选项 B、D，属于行政责任。选项 C，属于刑事责任。

38. 【答案】BC 【解析】选项 A，属于行政法规；选项 B，属于地方政府的规章；选项 C，属于部门规章；选项 D，属于地方性法规。

39. 【答案】ACD 【解析】行政法规之间对同一事项的新的一般规定与旧的特别规定不一致，不能确定如何适用时，由国务院裁决。

40. 【答案】ABCD 【解析】各选项均属于法律关系客体。

41. 【答案】× 【解析】当地方性法规与部门规章之间对同一事项的规定不一致，不能确定如何适用时，由国务院提出意见，国务院认为应当适用地方性法规的，应当决定在该地方适用地方性法规的规定，认为应当适用部门规章的，应当提请全国人民代表大会常务委员会裁决。

42. 【答案】× 【解析】法人分立的，其权利和义务由分离后的法人享有连带债权，承担连带债务，但是债权人和债务人另有约定的除外。

第二章 会计法律制度

刷基础

43. 【答案】B 【解析】出纳人员不得兼任（兼管）稽核会计档案保管和收入、支出、费用、债权债务账目（不包括资产明细账）的登记工作。

44. 【答案】B 【解析】在经济业务发生时，由业务经办人直接取得或填制，用以表明某项经济业务已经发生或者完成情况并明确有关经济责任的会计凭证是原始凭证。

45. 【答案】C 【解析】选项A，从外单位取得的原始凭证，必须盖有填制单位的公章。选项B，自制原始凭证必须有经办单位领导人或者其指定的人员签名或者盖章。选项C，支付款项的原始凭证，必须有收款单位和收款人的收款证明。选项D，原始凭证记载的各项内容均不得涂改；原始凭证有错误的，应当由出具单位重开或者更正，更正处应当加盖出具单位印章。原始凭证金额有错误的，应当由出具单位重开，不得在原始凭证上更正。

46. 【答案】A 【解析】财务会计报告由会计报表、会计报表附注和财务情况说明书组成。

47. 【答案】C 【解析】会计档案是指单位在进行会计核算等过程中接收或形成的，记录和反映单位经济业务事项的，具有保存价值的文字、图表等各种形式的会计资料，包括通过计算机等电子设备形成、传输和存储的电子会计档案。

48. 【答案】C 【解析】原始凭证有错误的，应当由出具单位重开或者更正，更正处应当加盖出具单位印章。原始凭证金额有错误的，应当由出具单位重开，不得在原始凭证上更正。

49. 【答案】C 【解析】选项C错误，从外单位取得的原始凭证如有遗失，应当取得原开出单位盖有公章的证明，并注明原来凭证的号码、金额和内容等，由经办单位会计机构负责人、会计主管人员和单位领导人批准后，才能代作原始凭证。如果确实无法取得证明的，由当事人写出详细情况，由经办单位会计机构负责人、会计主管人员和单位领导人批准后，代作原始凭证。

50. 【答案】A 【解析】选项A、B，登记会计账簿必须按照记账规则进行，包括会计账簿应当按照连续编号的页码顺序登记；选项C、D，会计账簿记录发生错误或者隔页、缺号、跳行的，应当按照国家统一的会计制度规定的方法更正，并由会计人员和会计机构负责人（会计主管人员）在更正处盖章。

51. 【答案】D 【解析】选项D，年度终了，要把各账户余额结转到下一会计年度，并在摘要栏注明"结转下年"字样。

52.【答案】BCD 【解析】根据《会计法》的规定，对于款项和有价证券的收付，财物的收发、增减和使用，债权债务的发生和结算，资本、基金的增减，收入、支出、费用、成本的计算，财务成果的计算和处理，以及需要办理会计手续、进行会计核算的其他事项，均应当办理会计手续、进行会计核算。

53.【答案】BC 【解析】财务会计报告应当包括：会计报表（会计报表应当包括：资产负债表、利润表、现金流量表及相关附表）；会计报表附注；财务情况说明书。

54.【答案】ABC 【解析】选项 D，各单位的预算、计划、制度等文件材料属于文书档案，不属于会计档案。

55.【答案】ABCD 【解析】对企业内部监督而言，内部控制措施一般包括：不相容职务分离控制、授权审批控制、会计系统控制、财产保护控制、预算控制、运营分析控制和绩效考评控制等。

56.【答案】AB 【解析】《会计法》规定，必须设置总会计师的单位是国有的和国有资产占控股地位或者主导地位的大、中型企业。

57.【答案】ABD 【解析】选项 A，会计机构负责人（会计主管人员）办理交接手续，由单位负责人监交，必要时主管单位可以派人会同监交。选项 B，会计机构负责人、会计主管人员移交时，必须将全部财务会计工作、重大财务收支和会计人员的情况等，向接替人员详细介绍。对需要移交的遗留问题，写出书面材料。选项 D，接管人员应继续使用移交前的账簿，不得擅自另立账簿，以保证会计记录前后衔接，内容完整。选项 C，未办清交接手续前，张某不得离职。

58.【答案】× 【解析】因有提供虚假财务会计报告，做假账，隐匿或者故意销毁会计凭证、会计账簿、财务会计报告，贪污，挪用公款，职务侵占等与会计职务有关的违法行为被依法追究刑事责任的人员，（终身）不得再从事会计工作。

59.【答案】× 【解析】会计记录的文字应当使用中文。在民族自治地方，会计记录可以同时使用当地通用的一种民族文字。在中国境内的外商投资企业、外国企业和其他外国组织的会计记录可以同时使用一种外国文字。

刷提高

60.【答案】B 【解析】一般会计人员办理交接手续，由会计机构负责人（会计主管人员）监交；会计机构负责人（会计主管人员）办理交接手续，由单位负责人监交，必要时主管单位可以派人会同监交。

61.【答案】C 【解析】选项 C，登记账簿时发生错误，应当将错误的文字或者数字划红线注销，并在划线上方填写正确的文字或者数字，由记账人员在更正处盖章。对于错误的数字，应当全部划红线更正，不得只更正其中的错误数字。对于文字错误，可只划去错误的部分。

62.【答案】C 【解析】《会计基础工作规范》规定，没有设置会计记账机构或者配备会计人员的单位，应当根据《代理记账管理办法》的规定，委托会计师事务所或者持有代理记账许可证的代理记账机构进行代理记账。

63.【答案】D 【解析】会计工作的禁入规定：(1) 终身禁入包括选项A、C：因有提供虚假财务会计报告，做假账，隐匿或者故意销毁会计凭证、会计账簿、财务会计报告，贪污、挪用公款，职务侵占等与会计职务有关的违法行为被依法追究刑事责任的人员，不得再从事会计工作；选项B，表述的不完整。(2) 5年禁入的包括：①因伪造、变造会计凭证、会计账簿，编制虚假财务会计报告，隐匿或者故意销毁依法应当保存的会计凭证、会计账簿、财务会计报告，尚不构成犯罪的。②会计人员具有违反国家统一的会计制度的一般违法行为，情节严重的。

64.【答案】D 【解析】会计工作的社会监督，主要是指由注册会计师及其所在的会计师事务所等中介机构接受委托，依法对单位的经济活动进行审计，出具审计报告，发表审计意见的一种监督制度。

65.【答案】ABCD 【解析】选项A、B，是因为相关经济业务未结清或未了结而不得销毁。选项C、D属于永久保存的会计档案，所以不得销毁。

66.【答案】ABC 【解析】对违反国家统一会计制度行为的，由县级以上人民政府财政部门责令限期改正，可以对单位并处3 000元以上5万元以下的罚款；对其直接负责的主管人员和其他直接责任人员，可以处2 000元以上2万元以下的罚款；属于国家工作人员的，还应当由其所在单位或者有关单位依法给予行政处分。

67.【答案】× 【解析】伪造会计凭证和伪造会计账簿，是以虚假的经济业务为前提来编制会计凭证和会计账簿，旨在以假充真的行为。

68.【答案】× 【解析】各单位应当根据《会计法》和国家统一的会计制度规定建立会计账册，进行会计核算。《代理记账管理办法》规定，没有设置会计机构或者配备会计人员的单位，应当委托会计师事务所或者持有代理记账许可证书的代理记账机构进行代理记账。

69.【答案】× 【解析】财务会计报告应当由单位负责人和主管会计工作的负责人、会计机构负责人（会计主管人员）签名并盖章；设置总会计师的单位，还须由总会计师签名并盖章。

70. (1)【答案】BC 【解析】各单位应当根据会计业务的需要，设置会计机构，或者在有关机构中设置会计人员并指定会计主管人员；不具备设置条件的，应当委托经批准从事会计代理记账业务的中介机构代理记账。国有的和国有资产占控股地位或者主导地位的大、中型企业必须设置总会计师。

(2)【答案】ABC 【解析】选项D，不属于会计核算的内容。

(3)【答案】ABCD 【解析】发票是原始凭证。原始凭证的内容必须具备：①凭证的名称；②填制凭证的日期；③填制凭证单位名称或者填制人姓名；④经办人员的签名或者盖章；⑤接受凭证单位名称；⑥经济业务内容；⑦数量、单价和金额。

(4)【答案】A 【解析】账簿记录发生错误，不准涂改、挖补、刮擦或者用药水消除字迹，不准重新抄写（选项 A）。登记账簿时发生错误，应当将错误的文字或者数字划红线注销，但必须使原有字迹仍可辨认；然后在划线上方填写正确的文字或者数字，并由记账人员在更正处盖章。对于错误的数字，应当全部划红线更正，不得只更正其中的错误数字。对于文字错误，可只划去错误的部分（选项 B、C、D）。

71. （1）【答案】A 【解析】原始凭证金额有错误的，应当由出具单位重开，不得在原始凭证上更正。

（2）【答案】ABD 【解析】会计工作岗位，可以一人一岗、一人多岗或者一岗多人。但出纳人员不得兼任（兼管）稽核、会计档案保管和收入、支出、费用、债权债务账目的登记工作。

（3）【答案】ABC 【解析】选项 A，会计机构负责人（会计主管人员）移交时，还必须将全部财务会计工作、重大财务收支和会计人员的情况等，向接替人员详细介绍。选项 B，会计机构负责人（会计主管人员）办理交接手续，由单位负责人监交，必要时主管单位可以派人会同监交。选项 C，移交人员对所移交的会计凭证、会计账簿、会计报表和其他有关资料的合法性、真实性承担法律责任。选项 D，接替人员应当继续使用移交的会计账簿，不得自行另立新账，以保持会计记录的连续性。

（4）【答案】ABCD 【解析】选项 A、B、D，伪造、变造会计凭证、会计账簿，编制虚假财务会计报告，构成犯罪的，依法追究刑事责任。尚不构成犯罪的，由县级以上人民政府财政部门予以通报，可以对单位并处 5 000 元以上 100 000 元以下的罚款；对其直接负责的主管人员和其他直接责任人员，可以处 3 000 元以上 50 000 元以下的罚款。选项 C，授意、指使、强令会计机构、会计人员及其他人员伪造、变造会计凭证、会计账簿，编制虚假财务会计报告，构成犯罪的，依法追究刑事责任。尚不构成犯罪的，可以处 5 000 元以上 50 000 元以下的罚款。

刷易错

72. 【答案】B 【解析】选项 A、B、C，国家机关、国有企业、事业单位任用会计人员应当实行回避制度。单位领导人的直系亲属不得担任本单位的会计机构负责人、会计主管人员。会计机构负责人、会计主管人员的直系亲属不得在本单位会计机构中担任出纳工作。需要回避的亲属为：夫妻关系、直系血亲关系、三代以内旁系血亲以及配偶亲关系。选项 D，不属于会计人员回避制度，属于兼职限制。

73. 【答案】ABC 【解析】选项 D，企业会计机构内会计档案保管岗位属于会计岗位。企业档案管理部门的人员管理会计档案，不属于会计岗位。

74. 【答案】× 【解析】从外单位取得的原始凭证如有遗失，确实无法取得证明的，如火车、轮船、飞机票等凭证，由当事人写出详细情况，由经办单位会计机构负责人、会计主管人员和单位领导人批准后，代作原始凭证。

75. (1)【答案】BD 【解析】选项A、C，各单位的预算、计划、制度等文件材料属于文书档案，不属于会计档案。

(2)【答案】BC 【解析】选项A，纳税申报表保管期限10年。选项D，固定资产卡片，在固定资产报废清理后保管5年。

(3)【答案】B 【解析】会计档案鉴定工作应当由单位档案管理机构牵头，组织单位会计、审计、纪检监察等机构或人员共同进行。

(4)【答案】BD 【解析】选项B，保管期满但未结清的债权债务会计凭证和涉及其他未了事项的会计凭证不得销毁。选项D，单位负责人、档案管理机构负责人、会计管理机构负责人、档案管理机构经办人、会计管理机构经办人在会计档案销毁清册上签署意见。监销人在会计档案销毁前应当按照会计档案销毁清册所列内容进行清点核对；在会计档案销毁后，应当在会计档案销毁清册上签名或盖章。

刷通关

76.【答案】A 【解析】选项A，会计档案的保管期限，从会计年度终了后的第一天算起。选项B，各单位的预算、计划、制度等文件材料不属于会计档案。选项C，当年形成的会计档案，在会计年度终了后，可由单位会计管理机构临时保管1年，再移交单位档案管理机构保管。因工作需要确需推迟移交的，应当经单位档案管理机构同意，但单位会计管理机构临时保管会计档案最长不超过3年。选项D，保管期满但未结清的债权债务会计凭证和涉及其他未了事项的会计凭证不得销毁。

77.【答案】D 【解析】登记账簿要用蓝黑墨水或者碳素墨水书写，不得使用圆珠笔（银行的复写账簿除外）或者铅笔书写。但下列情况，可以用红色墨水记账：（1）按照红字冲账的记账凭证，冲销错误记录；（2）在不设借贷等栏的多栏式账页中，登记减少数；（3）在三栏式账户的余额栏前，如未印明余额方向的，在余额栏内登记负数余额；（4）根据国家统一会计制度的规定可以用红字登记的其他会计记录。

78.【答案】B 【解析】选项B，年度财务会计报告应当包括会计报表、会计报表附注、财务情况说明书。选项A、C、D，半年度、季度、月度财务会计报告通常仅指会计报表，会计报表至少应当包括资产负债表和利润表，错误。

79.【答案】A 【解析】选项A，除会计师事务所以外的机构从事代理记账业务，应当经县级以上人民政府财政部门批准，领取由财政部统一规定样式的代理记账许可证书。

80.【答案】BD 【解析】选项A，会计机构、会计人员必须按照国家统一的会计制度的规定对原始凭证进行审核。选项C，支付款项的原始凭证，必须有收款单位和收款人的收款证明。

81.【答案】ABCD 【解析】上述选项均属于违反《会计法》规定，尚不构成犯罪的，由县级以上人民政府财政部门予以通报，可以对单位并处5 000元以上10万元以下的罚款。

82.【答案】× 【解析】使用电子计算机进行会计核算的，其软件及其生成的会计凭证、会计账簿、财务会计报告和其他会计资料，也必须符合国家统一的会计制度的规定。

83.（1）【答案】A 【解析】选项 A，除会计师事务所以外的机构从事代理记账业务，应当经县级以上人民政府财政部门（以下简称审批机关）批准，领取由财政部统一规定样式的代理记账许可证书。选项 B、C，申请代理记账资格的机构应当同时具备以下条件：①为依法设立的企业；②专职从业人员不少于 3 名；③主管代理记账业务的负责人具有会计师以上专业技术职务资格或者从事会计工作不少于 3 年，且为专职从业人员；④有健全的代理记账业务内部规范。选项 D，对委托代理记账的企业因违反财税法律、法规受到处理处罚的，县级以上人民政府财政部门应当将其委托的代理记账机构列入重点检查对象。

（2）【答案】AB 【解析】选项 C，对于代理记账机构退回的，要求按照国家统一的会计制度规定进行更正、补充的原始凭证，应当及时予以更正、补充。选项 D，属于代理记账机构及其从业人员应当履行的义务，对在执行业务中知悉的商业秘密予以保密。

（3）【答案】ABCD 【解析】以上表述均符合法律规定。

（4）【答案】B 【解析】实行定期定额征收方式的个体工商户需要停业的，应当在停业前向税务机关申报办理停业登记。纳税人的停业期限不得超过 1 年。

第三章　支付结算法律制度

刷基础

84.【答案】B　【解析】为防止变造票据的出票日期，在填写月、日时，月为"壹""贰"和"壹拾"的，日为"壹"至"玖"和"壹拾""贰拾""叁拾"的，应在其前加"零"；日为"拾壹"至"拾玖"的，应在其前加"壹"。

85.【答案】B　【解析】存款人因办理日常转账结算和现金收付需要开立的银行结算账户是基本存款账户。

86.【答案】B　【解析】承担付款责任的付款人和承兑人的定义是不同的，注意区分。选项A，付款人，是指由出票人委托付款或自行承担付款责任的人。选项B，承兑人，是指接受汇票出票人的付款委托，同意承担支付票款义务的人，是汇票主债务人。

87.【答案】B　【解析】失票人应当在通知挂失止付后的3日内，也可以在票据丧失后，依法向票据支付地人民法院申请公示催告。票据丧失后，票据权利有三种补救措施：挂失止付、公示催告和普通诉讼。

88.【答案】D　【解析】实付贴现金额按票面金额扣除贴现日至汇票到期前1日的利息计算。承兑人在异地的纸质商业汇票，贴现的期限以及贴现利息的计算应另加3天的划款日期。

89.【答案】B　【解析】选项A，本票是指出票人签发的，承诺自己在见票时无条件支付确定的金额给收款人或者持票人的票据；即银行出票、银行付款。在我国，本票仅限于银行本票。选项B，银行本票可以用于转账，注明"现金"字样的银行本票可以用于支取现金。选项C，银行本票可以背书转让。选项D，持票人超过提示付款期限不获付款的，在票据权利时效内向出票银行作出说明，并提供本人身份证件或单位证明，可持银行本票向出票银行请求付款。

90.【答案】D　【解析】存款人更改名称，但不改变开户银行及账号的，应于5个工作日内向开户银行提出银行结算账户的变更申请。

91.【答案】B　【解析】选项A，支票的金额、收款人名称，可以由出票人授权补记，未补记前不得背书转让和提示付款。选项B、C，出票人签发的支票金额超过其付款时在付款人处实有的存款金额的，为空头支票。签发空头支票是违法行为，单位或个人签发空头支票，不以骗取财物为目的的，由中国人民银行处以票面金额5%但不低于1 000元的罚款；持票人有权要求出票人赔偿支票金额2%的赔偿金。选项 D，支票的提示付款期限自出票日起 10 日。

92. 【答案】ABCD　【解析】非金融机构支付服务包括：（1）网络支付（选项 A、B）；（2）预付卡的发行与受理（选项 C）；（3）银行卡收单（选项 D）；（4）其他支付服务。

93. 【答案】ABD　【解析】选项 C，是基于给付对价取得票据并享有票据权利。

94. 【答案】AC　【解析】签发银行汇票必须记载下列事项：表明"银行汇票"的字样；无条件支付的承诺；出票金额；付款人名称；收款人名称；出票日期；出票人签章。欠缺记载上列事项之一的，银行汇票无效。

95. 【答案】ACD　【解析】只有确定付款人或代理付款人的票据丧失时才可进行挂失止付，具体包括已承兑的商业汇票、支票、填明"现金"字样和代理付款人的银行汇票以及填明"现金"字样的银行本票四种。

96. 【答案】CD　【解析】选项 A，承兑只适用商业汇票。选项 B，定日付款或者出票后定期付款的商业汇票，持票人应当在汇票到期日前向付款人提示承兑。见票后定期付款的商业汇票，持票人应当自出票日起 1 个月内向付款人提示承兑。汇票未按照规定期限提示承兑的，持票人丧失对其前手的追索权。

97. 【答案】ABCD　【解析】个人合法收入均可以转入个人银行结算账户。选项 A、B、C、D 均符合法律规定。

98. 【答案】×　【解析】票据和结算凭证金额以中文大写和阿拉伯数码同时记载，二者必须一致，二者不一致的票据无效；二者不一致的结算凭证银行不予受理。

99. 【答案】√　【解析】一般存款账户是因借款转存、借款归还和其他结算需要开立的银行结算账户。一般存款账户可以办理现金缴存，但不得办理现金支取。

100. 【答案】√　【解析】银行汇票的出票人为银行；商业汇票的出票人为银行以外的企业和其他组织；银行本票的出票人为出票银行；支票的出票人，为在银行开立支票存款账户的企业、其他组织和个人。

101. 【答案】×　【解析】票据债务人可以对票据债权人拒绝履行义务。票据债务人可以对不履行约定义务的与自己有直接债权债务关系的持票人进行抗辩。但不得以自己与出票人或者与持票人的前手之间的抗辩事由，对抗持票人。

102. 【答案】×　【解析】票据的出票人、背书人、承兑人和保证人对持票人承担连带责任。持票人行使追索权，可以不按照票据债务人的先后顺序，对其中任何一人、数人或者全体行使追索权。持票人对票据债务人中的一人或者数人已经进行追索的，对其他票据债务人仍可以行使追索权。

103. 【答案】×　【解析】企业申请开立基本存款账户的，银行应当向企业法定代表人或单位负责人核实企业开户意愿，并留存相关工作记录。核实开户意愿，可采取面对面、视频等方式，具体方式由银行根据客户风险程度选择。

104. 【答案】×　【解析】除单笔金额不超过 200 元的小额支付业务，公共事业缴费、税费缴纳、信用卡还款等收款人固定并且定期发生的支付业务，支付机构不得代替银行进行交易验证。

刷提高

105. 【答案】C 【解析】根据规定，"专用存款账户"是存款人因对特定用途资金进行专项管理和使用而开立的账户。

106. 【答案】B 【解析】临时存款账户的有效期最长不得超过2年。

107. 【答案】D 【解析】选项A、B，实际结算金额超过出票金额的，银行不予受理。选项C、D，实际结算金额低于出票金额的，银行应按照实际结算金额办理结算，多余金额由出票银行退交申请人。

108. 【答案】A 【解析】选项B，本票持票人未按照规定提示付款的，丧失对出票人以外的前手的追索权。选项C，未按照规定期限通知的，持票人仍可以行使追索权。因延期通知给其前手或者出票人造成损失的，由没有按照规定期限通知的票据当事人，承担对该损失的赔偿责任，但是所赔偿的金额以汇票金额为限。选项D，持票人行使追索权，可以不按照票据债务人的先后顺序，对其中任何一人、数人或者全体行使追索权。

109. 【答案】B 【解析】单张记名预付卡资金限额不得超过5 000元。

110. 【答案】D 【解析】需要中国人民银行核准的账户包括基本存款账户（企业除外）、临时存款账户（因注册验资和增资验资开立的除外）、预算单位专用存款账户和合格境外机构投资者在境内从事证券投资开立的人民币特殊账户和人民币结算资金账户。企业（在境内设立的企业法人、非法人企业和个体工商户，下同）开立基本存款账户、临时存款账户已取消核准制。

111. 【答案】BD 【解析】选项A，持票人对票据的出票人和承兑人的权利自票据到期日起2年。见票即付的汇票、本票自出票日起2年。选项B，持票人对支票出票人的权利，自出票日起6个月。选项C，持票人对前手的追索权，自被拒绝承兑或者被拒绝付款之日起6个月。选项D，持票人对前手的再追索权，自清偿日或者被提起诉讼之日起3个月。

112. 【答案】ABCD 【解析】取得票据享有票据权利的情形：（1）依法接受出票人签发的票据；（2）依法接受背书转让的票据；（3）因税收、继承、赠与可以依法无偿取得票据。

113. 【答案】AC 【解析】选项B、D是非转让背书，包括委托收款背书和质押背书。

114. 【答案】ABCD 【解析】个人网上银行的主要业务功能有：（1）账户信息查询；（2）人民币转账业务（选项A）；（3）银证转账业务（选项B）；（4）外汇买卖业务（选项D）；（5）账户管理业务；（6）B2C网上支付（选项C）。

115. 【答案】AD 【解析】支票的金额、收款人名称，可以由出票人授权补记。未补记前，不得背书转让。

116. 【答案】√ 【解析】付款人或者代理付款人自收到挂失止付通知书之日起12日内没有收到人民法院的止付通知书的，自第13日起，不再承担止付责任。

117. 【答案】× 【解析】票据债务人可以对票据债权人拒绝履行义务。票据债务人可以对不履行约定义务的与自己有直接债权债务关系的持票人进行抗辩。但不得以自己与出票人或者与持票人的前手之间的抗辩事由，对抗持票人。

118. 【答案】× 【解析】纸质商业汇票的付款期限，最长不得超过6个月。电子承兑汇票期限自出票日至到期日不超过1年。

119. (1)【答案】BD 【解析】银行本票可以用于转账，注明"现金"字样的银行本票可以用于支取现金。单位和个人在同一票据交换区域需要支付各种款项，均可以使用银行本票。

(2)【答案】BC 【解析】票据基本当事人是指在票据作成和交付时就已经存在的当事人，包括出票人、付款人和收款人。本票的基本当事人有出票人（乙银行）与收款人（丙公司）。

(3)【答案】ABC 【解析】签发银行本票必须记载下列事项：表明"银行本票"的字样；无条件支付的承诺；确定的金额；收款人名称；出票日期；出票人签章。欠缺记载上列事项之一的，银行本票无效。

(4)【答案】D 【解析】银行本票持票人未按照规定提示付款的，丧失对出票人以外的前手的追索权。

刷易错

120. 【答案】A 【解析】选项A，在票据到期日前，有下列情况之一的，持票人可以行使追索权：(1)汇票被拒绝承兑的；(2)承兑人或者付款人死亡、逃匿的；(3)承兑人或者付款人被依法宣告破产的；(4)承兑人或者付款人因违法被责令终止业务活动的。选项B，票据到期被拒绝付款的，持票人对背书人、出票人以及票据的其他债务人行使的追索是票据到期后的追索。

121. 【答案】A 【解析】选项A，预付卡以人民币计价，不具有透支功能。选项B，记名预付卡可挂失，可赎回，不得设置有效期。选项C，不记名预付卡不挂失，不赎回，有效期不得低于3年。选项D，单张不记名预付卡资金限额不得超过1 000元，单张记名预付卡限额不得超过5 000元。

122. 【答案】AB 【解析】选项A，保证不得附有条件，附有条件的，不影响对票据的保证责任。选项B，票据上未记载保证日期的，以出票日期为保证日期。选项C，保证人在票据或者粘单上未记载"被保证人名称"的，已承兑的票据，承兑人为被保证人。选项D，保证人清偿票据债务后，可以行使持票人对被保证人及其前手的追索权。

123. 【答案】× 【解析】持票人对票据债务人行使票据权利，或者保全票据权利，应当在票据当事人的营业场所和营业时间内进行，票据当事人无营业场所的，应当在其住所进行。

124. （1）【答案】D 【解析】选项D，商业汇票可以在出票时向付款人提示承兑后使用，也可以在出票后先使用再向付款人提示承兑。

（2）【答案】AB 【解析】票据权利是指票据持票人向票据债务人请求支付票额的权利，包括付款请求权和追索权。

（3）【答案】B 【解析】保证是指票据债务人以外的人（丙），为担保特定债务人（限于背书人乙，不包括出票人甲）履行票据债务而在票据上记载有关事项并签章的行为。

（4）【答案】BCD 【解析】选项A，商业汇票的持票人向银行办理贴现，其应当为在银行开立存款账户的企业法人以及其他组织。

刷通关

125.【答案】C 【解析】存款人因注销向开户银行提出撤销银行结算账户的，申请撤销银行结算时，应先撤销一般存款账户、专用存款账户、临时存款账户，将账户资金转入基本存款账户后，方可办理基本存款账户的撤销。

126.【答案】D 【解析】商业汇票是出票人签发的，委托付款人在指定日期无条件支付确定的金额给收款人或者持票人。

127.【答案】D 【解析】银行承兑汇票的出票人应于汇票到期前将票款足额交存其开户银行，银行承兑汇票的出票人于汇票到期日未能足额交存票款时，承兑银行付款后，对出票人尚未支付的汇票金额按照每天万分之五计收利息。

128.【答案】ABCD 【解析】选项A、B、C、D均符合法律规定。

129.【答案】BC 【解析】选项A，贴现是指票据持票人在票据未到期前为获得现金向银行贴付一定利息而发生的票据转让行为。选项D，贴现到期，贴现银行应向付款人收取票款。不获付款的，贴现银行应向其前手追索票款。

130.【答案】× 【解析】单位和个人均可以使用委托收款结算方式。委托收款在同城、异地均可以使用。

131.（1）【答案】C 【解析】票据基本当事人是指在票据作成和交付时就已经存在的当事人，包括出票人（甲公司）、付款人（丙银行）和收款人（乙公司）。

（2）【答案】CD 【解析】选项A、C，支票的金额、收款人名称，可以由出票人授权补记，未补记前不得背书转让和提示付款。选项B，支票的"付款人"为支票上记载的出票人开户银行。选项D，现金支票只能用于支取现金。支票上印有"转账"字样的为转账支票，转账支票只能用于转账。

（3）【答案】A 【解析】乙公司背书转让金额40万元的行为是部分背书。部分背书是指将票据金额的一部分转让的背书或者将票据金额分别转让给两人以上的背书，部分背书属于无效背书。

（4）【答案】BC 【解析】票据丧失是指票据因灭失（如不慎被烧毁）、遗失

（如不慎丢失）、被盗等原因而使票据权利人脱离其对票据的占有。票据丧失后，可以采取挂失止付和公示催告（如不慎丢失），以及普通诉讼（如不慎被烧毁）三种形式进行补救。

132. （1）【答案】C 【解析】根据规定，商业汇票的提示付款期限，自汇票到期日起10 日。

（2）【答案】B 【解析】根据规定，付款人承兑汇票后，应当承担到期付款的责任，A 公司的开户银行 C 银行为该汇票承兑人，即 C 银行成为付款人。

（3）【答案】ABC 【解析】非基本当事人是指在票据作成并交付后，通过一定的票据行为加入票据关系而享有一定权利、承担一定义务的当事人，包括承兑人（C 银行）、背书人（B 公司）、被背书人（D 公司）、保证人等。E 银行是接受"委托收款背书"的人，不是保证人。

（4）【答案】ABD 【解析】办理委托收款凭证必须记载下列事项：表明"委托收款"的字样；确定的金额；付款人名称；收款人名称；委托收款凭据名称及附寄单证张数；委托日期；收款人签章。欠缺记载上列事项之一的，银行不予受理。

133. （1）【答案】ACD 【解析】签发商业汇票必须记载下列事项：表明"商业承兑汇票"或"银行承兑汇票"的字样；无条件支付的委托；确定的金额；付款人名称；收款人名称；出票日期；出票人签章。欠缺记载上述事项之一的，商业汇票无效。

（2）【答案】CD 【解析】选项 A，背书由背书人签章并记载背书日期。背书未记载日期的，视为在票据到期日前背书。选项 B，背书人在票据上记载"不得转让"字样，其后手再背书转让的，原背书人对后手的被背书人不承担保证责任。

（3）【答案】BD 【解析】选项 B，付款人承兑汇票后，应当承担到期付款的责任。选项 D，票据债务人可以对不履行约定义务的与自己有直接债权债务关系的持票人进行抗辩。但不得以自己与出票人或者与持票人的前手之间的抗辩事由，对抗持票人。当然，若持票人明知存在抗辩事由而取得票据的除外。

（4）【答案】B 【解析】选项 A，持票人行使追索权，可以不按照票据债务人的先后顺序，对其中任何一人、数人或者全体行使追索权。选项 C，持票人应当自收到被拒绝承兑或者被拒绝付款的有关证明之日起 3 日内，将被拒绝事由书面通知其前手。选项 D，持票人行使追索权，可以请求被追索人支付下列金额和费用：①被拒绝付款的票据金额；②票据金额自到期日或者提示付款日起至清偿日止，按照中国人民银行规定的利率计算的利息；③取得有关拒绝证明和发出通知书的费用。

134. （1）【答案】BC 【解析】选项 A，企业（在境内设立的企业法人、非法人企业和个体工商户，下同）开立基本存款账户、临时存款账户已取消核准制。选项 B，基本存款账户是存款人的主办账户，一个单位只能开立一个基本存款账户。选项 C，存款人开立单位银行结算账户，自正式开立之日起 3 个工作日后，方可使用该账户办理付款业务。"正式开立之日"是开户银行为存款人办理开户手续的日期。选项 D，企业申请开立基本存款账户的，银行应当向企业法定代表人或单位负责人核实企业开户意愿，并留存相关工作记录。银行可采取面对面、视频等方式向企业法定代表人或单位负责人核实开户意愿，具体方式由银行根据客户风险程度选择。

(2)【答案】ABD 【解析】一般存款账户用于办理存款人借款转存（选项 D）、借款归还（选项 B）和其他结算的资金收付，可以办理现金缴存（选项 A），但不得办理现金支取（选项 C）。

(3)【答案】A 【解析】存款人申请开立一般存款账户，应向银行出具其开立基本存款账户规定的证明文件、基本存款账户开户许可证或企业基本存款账户编号和下列证明文件：①存款人因向银行借款需要，应出具借款合同；②存款人因其他结算需要，应出具有关证明。

(4)【答案】AD 【解析】选项 A、B、C，存款人因被撤并、解散、宣告破产或关闭的，应向开户银行提出撤销银行结算账户的申请。撤销银行结算账户时，应先撤销一般存款账户、专用存款账户、临时存款账户，将账户资金转入基本存款账户后，方可办理基本存款账户的撤销。选项 D，存款人尚未清偿其开户银行债务的，不得申请撤销该银行结算账户。

第四章　税法概述及货物和劳务税法律制度

刷基础

135.【答案】D　【解析】自产自用应税车辆，按照纳税人生产的同类应税车辆的销售价格确定车辆购置税的计税依据，不包括增值税税款；没有同类应税车辆销售价格的，按照组成计税价格确定。组成计税价格＝成本×（1＋成本利润率）÷（1－消费税税率）＝44×（1＋8%）÷（1－12%）＝54（万元）；54×10%＝5.4（万元）。

136.【答案】A　【解析】选项A，个人将购买不足2年的住房对外销售，按5%征收率全额缴纳增值税。选项B、C、D均为免征增值税项目。

137.【答案】B　【解析】选项A、D，以旧换新方式销售金银首饰以外的其他货物，以"不含增值税的新货物同期销售价格"为增值税的计税销售额。选项C，5 650元/台为含增值税的价格，需要价税分离。

138.【答案】A　【解析】选项B，从农民手中收购农产品，准予抵扣的进项税额＝买价×扣除率（9%，已知条件），不需要价税分离或还原处理。选项C、D，外购货物用于无偿赠送，增值税视同销售，对应的进项税额可以抵扣。

139.【答案】A　【解析】符合条件且用于水上运动和休闲娱乐等非营利活动的各类机动艇才属于"游艇"的征收范围。

140.【答案】C　【解析】（1）由受托方代扣代缴、代收代缴增值税、消费税的单位和个人，其代扣代缴、代收代缴的城市维护建设税按受托方所在地适用税率执行；（2）甲企业该笔业务应代收代缴城市维护建设税税额＝12×7%＝0.84（万元）。选项C正确。

141.【答案】D　【解析】出口货物的完税价格，由海关以该货物向境外销售的成交价格为基础审查确定，并应包括货物运至我国境内输出地点装载前的运输及其相关费用、保险费，但其中包含的出口关税税额，应当扣除。

142.【答案】B　【解析】汽车贸易公司销售小汽车不缴纳消费税；游艇生产企业应缴纳消费税＝120×10%＝12（万元）；游艇不属于车辆购置税征税范围，旅游公司应缴纳游艇的车辆购置税＝0；旅游公司应缴纳小汽车的车辆购置税＝40×10%＝4（万元）。

143.【答案】A　【解析】为经营单位以外的单位和个人加工金银首饰视同零售业，在零售环节缴纳消费税。加工包括带料加工、翻新改制、以旧换新等业务，不包括修理和清洗（修理金银首饰取得含税收入2.26万元）。零售镀金首饰不属于消费税征收范围。纳税人采用以旧换新（含翻新改制）方式销售的金银首饰，应按实际收取的不含增值税的全部价款确定计税依据征收消费税（商场实际收到 8.12 万元）。选项 A，该商场当月应纳消费税 = 8.12÷(1+13%)×5% = 0.3593（万元）。

144. 【答案】B 【解析】选项 A，出口货物，应当按照纳税义务人申报出口实施的税率征税。选项 C，暂时进口货物转为正式进口需予补税时，应按其申报正式进口之日实施的税率征税。选项 D，查获的走私进口货物需补税时，应按查获日期实施的税率征税。

145. 【答案】AB 【解析】根据增值税法律制度的规定，纳税人进口货物，为进口报关的当天。采取托收承付方式销售货物，为发出货物并办妥托收手续的当天。

146. 【答案】ACD 【解析】一般纳税人销售货物或者劳务，应向购买方开具专用发票。属于下列情形之一的，不得开具增值税专用发票：商业企业一般纳税人零售烟、酒、食品、服装、鞋帽、化妆品等消费品的；销售货物或者应税劳务适用免税规定的；向消费者个人销售货物或者提供应税劳务的。

147. 【答案】AD 【解析】选项 B，卷烟在零售环节不征收消费税。选项 C，汽车轮胎不征收消费税。

148. 【答案】ABD 【解析】根据消费税法律制度的规定，委托加工的应税消费品，受托方在交货时已代收代缴消费税，委托方收回后直接销售的，不再缴纳消费税。

149. 【答案】ACD 【解析】选项 B，适用增值税零税率。

150. 【答案】ABC 【解析】选项 A，消费税计税销售额不包括向购买方收取的增值税税额；选项 B，金银首饰连同包装物销售的，无论包装是否单独计价，也无论会计上如何核算，均应并入金银首饰的销售额计征消费税。选项 C，对酒类生产企业销售酒类产品而收取的包装物押金，无论押金是否返还及会计上如何核算，均应并入酒类产品销售额，征收消费税。选项 D，白酒生产企业向商业销售单位收取的"品牌使用费"是随着应税白酒的销售而向购货方收取的，属于应税白酒销售价款的组成部分，因此，不论企业采取何种方式或以何种名义收取价款，均应并入白酒的销售额中缴纳消费税。

151. 【答案】AB 【解析】选项 C、D，征收增值税，但不征收消费税。

152. 【答案】ABD 【解析】啤酒不采用复合计税办法，而采用从量定额的方法征收消费税。

153. 【答案】√ 【解析】城市维护建设税实行差别比例税率。按照纳税人所在地区的不同，设置了 3 档比例税率。

154. 【答案】× 【解析】纳税人应当在向公安机关交通管理部门办理车辆注册登记前，缴纳车辆购置税。

155. 【答案】× 【解析】纳税人销售活动板房、机器设备、钢结构件等自产货物的同时提供建筑、安装服务，不属于混合销售，应分别核算货物和建筑服务的销售额，分别适用不同的税率或者征收率。

156. 【答案】√ 【解析】该表述符合法律规定。

157.【答案】× 【解析】一般纳税人销售自己使用过的除固定资产以外的物品，应当按照适用税率征收增值税。

刷提高

158.【答案】D 【解析】蔬菜在批发、零售环节免征增值税；粮食、食用油适用税率 9%。2022 年 10 月该超市销项税额 = 13 200 ÷ (1 + 9%) × 9% + 98 000 ÷ (1 + 13%) × 13% = 12 364.24（元）。

159.【答案】B 【解析】将购买的货物或接受的应税劳务用于免征增值税项目、集体福利、个人消费、交际应酬，属于不得抵扣进项税额的情形。将购买的货物用于投资、分配、赠送，属于视同销售，相应的进项税额可以抵扣。

160.【答案】B 【解析】根据增值税法律制度的规定，将外购货物用于个人消费，其购进货物的进项税额不允许抵扣，不属于增值税视同销售货物的情形，而选项 A、C、D 三种情形均属于增值税视同销售货物的情形。

161.【答案】D 【解析】选项 A、B、C，均可以照章开具增值税专用发票。

162.【答案】A 【解析】纳税人自产的应税消费品用于换取生产资料和消费资料、投资入股和抵偿债务等方面，应当按纳税人同类应税消费品的最高销售价格作为计税依据。甲汽车制造厂应缴纳消费税 = 20 × 70 × 5% = 70（万元）。

163.【答案】D 【解析】纳税人将消费税应税消费品与非应税消费品以及适用税率不同的应税消费品组成成套消费品销售的，应根据组合产品的销售金额按应税消费品中适用最高税率的消费品税率征收消费税。该化妆品厂当月应缴纳消费税 = 240 × 15% + 2 × (1 + 5%) ÷ (1 - 15%) × 15% = 36.37（万元）。

164.【答案】A 【解析】我国对进出口货物征收关税，主要采取从价计征的办法，以商品价格为标准征收关税。因此，关税主要以进出口货物的完税价格为计税依据。一般贸易项下进口的货物以海关审定的成交价格为基础的到岸价格作为完税价格，到岸价格是指包括货价（4 600 万元）以及货物运抵我国关境内输入地点起卸前的包装费、运费、保险费和其他劳务费等费用（276 万元）构成的一种价格。应纳关税税额的计算公式为：应纳税额 = 应税进（出）口货物数量 × 单位完税价格 × 适用税率 = (4 600 + 276) × 8% = 390.08（万元）。

165.【答案】C 【解析】城市维护建设税的计税依据为纳税人实际缴纳的增值税、消费税税额。对进口货物或者境外单位和个人向境内销售劳务、服务、无形资产缴纳的增值税、消费税税额，不征收城市维护建设税。甲公司当月应缴纳城市维护建设税税额 = (100 + 80) × 7% = 12.6（万元），选项 C 正确。

166.【答案】AC 【解析】选项 A、C，购买方乙、丁公司均为境内企业且无形资产均在境内使用，属于在境内销售无形资产。选项 B，甲公司所销售的不动产在 Y 国，不属于在境内销售不动产。选项 D，甲公司租赁境内公司的办公楼不属于增值税的纳税人。

167. 【答案】ABCD 【解析】根据增值税法律制度的规定，一项销售行为如果既涉及货物又涉及服务是混合销售。选项A、B、C、D均属于增值税混合销售行为。

168. 【答案】ABD 【解析】纳税人自产的应税消费品，用于连续生产应税消费品的（选项C），移送时不缴纳消费税；凡用于其他方面的（选项A、B、D），于移送时缴纳消费税。

169. 【答案】AD 【解析】外购应税消费品已纳税款扣除项目共9项，汽车轮胎已免征消费税，不存在扣除的问题；外购已税珠宝生产的金银镶嵌首饰不可以抵扣已税珠宝的消费税。

170. 【答案】× 【解析】纳税人以已税珠宝玉石生产的贵重珠宝首饰可以扣除外购应税消费品已纳消费税。

171. 【答案】× 【解析】车辆购置税实行一次征收，购置已征车辆购置税的车辆，不再征收车辆购置税。

172. (1)【答案】BC 【解析】选项A、D，购进的货物用于免税药的，货物本身的进项税额不得抵扣，其运费的进项税额也不得抵扣。选项B、C，购进的货物用于应税项目的，货物本身的进项税额可以抵扣，其运费的进项税额也可以抵扣。

(2)【答案】B 【解析】销售甲型流感病毒检测试剂盒含税价款768.4万元，应价税分离；没收逾期未退还包装箱的押金22.6万元，视为含税收入，应价税分离后并入销售额。销项税额 = 不含税销售额 × 适用税率 = (768.4 + 22.6) ÷ (1 + 13%) × 13% = 91（万元）。

(3)【答案】C 【解析】将自产的货物用于赠送，视同销售货物，应当按照下列顺序核定其销售额：①按纳税人最近时期同类货物的平均销售价格确定；②按其他纳税人最近时期同类货物的平均销售价格确定；③按组成计税价格确定。其计算公式为：组成计税价格 = 成本 × (1 + 成本利润率) = 10 × 4.68 × (1 + 10%)；销项税额 = 销售额（组成计税价格）× 适用税率 = 10 × 4.68 × (1 + 10%) × 13% = 6.692 4（万元）。

(4)【答案】A 【解析】销项税额是指纳税人发生应税销售行为，按照销售额和适用税率计算并向购买方收取的增值税税款，其计算公式为：销项税额 = 销售额 × 适用税率 = 500 × 1.5 × 13% = 97.5（万元）。

173. (1)【答案】AC 【解析】根据消费税征收管理规定，纳税人采取直接收款方式销售货物的，消费税纳税义务发生时间为收到销售款或取得索取销售款凭证的当天（选项A）。纳税人销售应税消费品的，采取赊销和分期收款结算方式的，为书面合同约定的收款日期的当天，书面合同没有约定收款日期或者无书面合同的，为发出应税消费品的当天（选项C）。

(2)【答案】D 【解析】选项A、C，纳税人将非应税消费品与应税消费品组成成套消费品销售的，依销售额全额计算消费税。选项B，成套化妆品每盒不含增值税售价1 700元，不需要价税分离，也不需要除以（1 - 消费税税率）。

(3)【答案】D 【解析】委托加工的应税消费品，按照受托方的同类消费品的销售价格计算纳税，没有同类消费品销售价格的，按照组成计税价格计算纳税。实行从价定率办法计征消费税的，其计算公式为：组成计税价格 =（材料成本 + 加工费）÷（1 - 比例税率），应纳税额 = 组成计税价格 × 比例税率。

（4）【答案】ABC 【解析】选项 A、C，应税合同的计税依据，为合同列明的价款或者报酬，不包括增值税税款。选项 B，承揽合同中印花税的计税依据为支付报酬。

174. （1）【答案】C 【解析】甲厂应缴纳烟叶税 = 360 ×（1 + 10%）× 20% = 79.2（万元）。

（2）【答案】AC 【解析】纳税人自产自用的应税消费品，用于连续生产应税消费品的，不纳税；用于其他方面的，于移送使用时纳税。委托加工的应税消费品，除受托方为个人外，由受托方在向委托方交货时代收代缴消费税。委托个人加工的应税消费品，由委托方收回后缴纳消费税。

（3）【答案】C 【解析】现行消费税的征税范围中，只有卷烟、白酒采用复合计算方法，应纳税额 = 销售额 × 比例税率 + 销售数量 × 定额税率。甲厂应纳消费税 = 1 200 × 56% + 500 × 150 ÷ 10 000 = 679.5（万元）。

（4）【答案】B 【解析】购入客车用于接送职工上下班，属于购进固定资产专用于集体福利，进项税额不得抵扣。

刷易错

175.【答案】C 【解析】住房租赁企业中的增值税一般纳税人向个人出租住房取得的全部出租收入，可以选择简易计税办法，按照 5% 的征收率减按 1.5% 计算缴纳增值税。应缴纳增值税税额 = 含增值税销售额 ÷（1 + 5%）× 1.5% = 6 394 500 ÷（1 + 5%）× 1.5% = 91 350（元）。

176.【答案】A 【解析】选项 C，不得抵扣进项税额的项目包括：非正常损失的购进货物，以及相关的劳务和交通运输服务。选项 B、D，购进的贷款服务、餐饮服务、居民日常服务和娱乐服务。

177.【答案】A 【解析】在消费税中，啤酒、黄酒、成品油从量计征。白酒采用复合计征销售额和销售数量。药酒、葡萄酒属于其他酒，从价计征消费税。

178.【答案】D 【解析】选项 A，消费税计税销售额不包括向购买方收取的增值税税额；选项 B，包装费属于价外费用，应并入销售额计税；选项 C，白酒包装物押金收取时就需要并入销售额计税。

179. （1）【答案】A 【解析】小规模纳税人发生应税销售行为采用简易计税方法计税，应按照销售额和征收率计算应纳增值税税额，不得抵扣进项税额。

（2）【答案】D 【解析】小规模纳税人简易计税方法的销售额不包括其应纳税额，纳税人采用销售额和应纳税额合并定价方法的，按照下列公式计算销售额：销售额 = 含税销售额 ÷（1 + 征收率）。应纳税额 = 含税销售额（10 + 2）÷ [1 + 征收率(1%)]×征收率（1%）。

（3）【答案】C 【解析】小规模纳税人（除其他个人外，下同）销售自己使用过的固定资产，减按2%征收率征收增值税。A公司销售旧固定资产取得的是含增值税价款，应当按照下列公式计算销售额：销售额＝含税销售额÷（1＋征收率）。

（4）【答案】BC 【解析】纳税人提供租赁服务采取预收款方式的，其纳税义务发生时间为收到预收款的当天。从租计征的房产税应纳税额＝租金收入×12%；房产出租的，以房屋出租取得的租金收入为计税依据，计缴房产税。计征房产税的租金收入不含增值税。

180.（1）【答案】ACD 【解析】选项B，用于简易计税方法计税项目、免征增值税项目、集体福利或者个人消费的购进货物、劳务、服务、无形资产和不动产的，不得从销项税额中抵扣进项税额。

（2）【答案】C 【解析】纳税人应纳增值税的销项税额＝销售额×适用税率。其中销售额是指纳税人发生应税销售行为向购买方收取的全部价款和价外费用，价外费用，包括价外向购买方收取的手续费、补贴、基金、集资费、返还利润、奖励费……

（3）【答案】B 【解析】增值税一般纳税人销售自己使用过的2009年1月1日以后购进或者自制的固定资产，按照适用税率征收增值税。纳税人销售货物、劳务、有形动产租赁服务或者进口货物，除有特殊规定外，税率为13%。

（4）【答案】A 【解析】纳税人应纳增值税的销项税额＝销售额×适用税率。增值税实行价外税，计算销项税额时，销售额中不应含有增值税款，换算公式为：不含税销售额＝含税销售额÷（1＋增值税税率）。

刷通关

181.【答案】D 【解析】当期零税率应税服务免抵退税额＝当期零税率应税服务免抵退税计税依据×外汇人民币折合率×零税率应税服务增值税退税率＝80×9%＝7.2（万元）。当期期末留抵税额14万元＞当期免抵退税额7.2万元。当期应退税额＝当期免抵退税额＝7.2万元。退税申报后，结转下期留抵的税额＝14－7.2＝6.8（万元）。

182.【答案】B 【解析】组成计税价格＝1 000×5 000×（1＋40%）÷（1－3%）＝7 216 494.85（元）。进口环节应纳消费税＝7 216 494.85×3%＝216 494.85（元）。进口环节应纳增值税＝721 649 485×13%＝938 144.33（元）。进口应纳消费税和增值税合计＝216 494.85＋938 144.33＝1 154 639.18（元）。

183.【答案】B 【解析】非固定业户销售货物或者提供应税劳务和发生应税行为，应当向销售地或者劳务、应税行为发生地的主管税务机关申报纳税。

184.【答案】BD 【解析】选项A，应登记为一般纳税人。选项C，年应税销售额超过小规模纳税人标准的其他个人（应）按小规模纳税人纳税（不可以选择）。

185. 【答案】ABC 【解析】选项 A、B 属于将自产、委托加工或者购进的货物无偿赠送其他单位或者个人，选项 C 属于将货物交付其他单位或者个人代销，此三项均应视同销售，征收增值税。选项 D，是销售货物，不属于视同销售货物的行为。

186. 【答案】ABC 【解析】选项 A、B、C，兼营，是指纳税人的经营中包括销售货物、劳务以及销售服务、无形资产和不动产的行为。包括，兼有不同税率的；兼有不同征收率的；兼有不同税率和征收率的。一项销售行为如果既涉及货物又涉及服务，为混合销售，选项 D 是混合销售行为。

187. 【答案】ABCD 【解析】选项 B，单位或者个体工商户向其他单位或者个人无偿提供服务征收增值税，但用于公益事业或者以社会公众为对象的除外。选项 A、C、D，根据国家指令无偿提供的铁路运输服务、航空运输服务；存款利息；被保险人获得的保险赔付；房地产主管部门或者其指定机构、公积金管理中心、开发企业以及物业管理单位代收的住宅专项维修资金，属于不征收增值税项目。

188. 【答案】× 【解析】自 2023 年 1 月 1 日至 2027 年 12 月 31 日，对月销售额 10 万元以下（含本数）的增值税小规模纳税人，免征增值税。

189. 【答案】× 【解析】应就其全部数额征税。

190. （1）【答案】C 【解析】纳税人销售服务除另有规定，税率为 6%，（400 + 220）×6% = 37.2（万元）。

（2）【答案】D 【解析】车辆停放服务、道路通行服务（包括过路费、过桥费、过闸费等）等按照不动产经营租赁服务缴纳增值税。

（3）【答案】ACD 【解析】非正常损失的购进货物，以及相关的劳务和交通运输服务，不得从销项税额中抵扣。

（4）【答案】C 【解析】纳税人兼营不同税率的货物、劳务、服务、无形资产或者不动产，应当分别核算不同税率或者征收率的销售额；未分别核算销售额的，从高适用税率。

191. （1）【答案】BD 【解析】选项 A、B，甲企业进口的是零配件，不是小汽车。零配件不属于消费税的征税范围，进口零配件不缴纳消费税。选项 C、D，进口零配件缴纳增值税。

（2）【答案】BC 【解析】选项 B，纳税人采取分期收款方式销售应税消费品，纳税义务发生时间为书面合同约定的收款日期的当天，故当月产生纳税义务的金额是"总价款 565 万元的 60%"。选项 C，565 万元为含税金额，计税时要价税分离。应纳消费税 = 565 ÷ (1 + 13%) × 60% × 12% = 36（万元）。

（3）【答案】B 【解析】纳税人自产自用的应税消费品，除用于连续生产应税消费品不纳税以外，凡用于其他方面的，于移送使用时缴纳消费税；应纳消费税 = 50 × 1 × 12% = 6（万元）。

（4）【答案】A 【解析】纳税人自产小汽车自用，属于车辆购置税征税范围，应纳车辆购置税 = 计税价格（不含税"同类价"）× 税率 = 50 × 1 × 10% = 5（万元）。

第五章　所得税法律制度

刷基础

192. 【答案】D 【解析】选项 A、B，依照中国法律、行政法规成立的个人独资企业、合伙企业，不属于企业所得税纳税人，不缴纳企业所得税。选项 C，个体工商户属于个人所得税的纳税人。选项 D，外商投资企业，是企业所得税的纳税人。

193. 【答案】A 【解析】企业发生的公益性捐赠支出，不超过年度利润总额12%的部分，准予在计算应纳税所得额时扣除。甲企业 2022 年全年扣除的捐款数额 = $100 \times 12\% = 12$（万元）> 10 万元，10 万元公益捐赠可以全额扣除。

194. 【答案】C 【解析】选项 A，企业在生产经营活动中发生的合理的不需要资本化的借款费用，准予扣除。选项 B，企业发生的合理的劳动保护支出，准予扣除（劳动保护支付不是职工福利支出）。选项 D，企业发生的与生产经营活动无关的各种非广告性质的赞助支出不得税前扣除。

195. 【答案】C 【解析】销售商品采用托收承付方式的，在办妥托收手续时确认收入；销售商品采取预收款方式的，在发出商品时确认收入；企业以"买一赠一"等方式组合销售本企业商品的，不属于捐赠，应将总的销售金额按各项商品的公允价值的比例来分摊确认各项的销售收入。

196. 【答案】D 【解析】当年销售（营业）收入 = $5\,000 + 100 = 5\,100$（万元），允许扣除的最高业务招待费为 $5\,100 \times 5‰ = 25.5$（万元），小于实际发生额50万元的 60% [$50 \times 60\% = 30$（万元)]，允许扣除25.5万元。

197. 【答案】A 【解析】选项 A，罚款不得在税前扣除。选项 B，企业发生的合理的劳动保护支出，准予扣除。选项 C，环境保护专项资金，准予税前扣除。选项 D，在生产经营活动中发生的合理利息支出，准予税前扣除。

198. 【答案】A 【解析】劳务报酬所得每次收入不超过 4 000 元的，减除费用按800元计算；每次收入 4 000 元以上的，减除费用按20%计算。预扣预缴应纳税所得额不超过 20 000 元的，预扣率为 20%。所以，应预扣预缴的个人所得税税额 = $10\,000 \times (1 - 20\%) \times 20\% = 1\,600$（元）。

199. 【答案】B 【解析】独生子女补贴（选项 A）、差旅费津贴（选项 C）不属于工资、薪金性质的补贴、津贴，不予征收个人所得税。退休人员再任职取得的收入，在减除按个人所得税法规定的费用扣除标准后，按"工资、薪金所得"应税项目缴纳个人所得税（选项 B）。误餐补助是指按照财政部规定，个人因公在城区、郊区工作，不能在工作单位或返回就餐的，根据实际误餐顿数，按规定的标准领取的误餐费。不属于工资、薪金性质的补贴、津贴（选项 D）。单位以误餐补助名义发给职工的补助、津贴不包括在内，应当并入当月工资、薪金所得计征个人所得税。

200.【答案】B 【解析】选项 A、D，按"利息、股息、红利所得"缴纳个人所得税。选项 C，按"稿酬所得"缴纳个人所得税。

201.【答案】ABD 【解析】选项 C，同一学历（学位）继续教育的扣除期限不能超过 48 个月。

202.【答案】ABC 【解析】选项 A、B、C，股息、红利等权益性投资收益和利息、租金、特许权使用费所得，以收入全额为应纳税所得额。选项 D，财产转让所得，以收入全额减除财产净值后的余额为应纳税所得额。

203.【答案】BCD 【解析】创投企业选择按单一投资基金核算的，其个人合伙人从该基金应分得的股权转让所得和股息红利所得，按照 20% 税率计算缴纳个人所得税，选项 B 错误；创投企业选择按年度所得整体核算的，其个人合伙人应从创投企业取得的所得，按照"经营所得"项目、5% ~ 35% 的超额累进税率计算缴纳个人所得税，选项 C 错误；创投企业选择按单一投资基金核算或按创投企业年度所得整体核算后，3 年内不能变更，选项 D 错误。

204.【答案】ABCD 【解析】个体工商户下列支出不得扣除：（1）个人所得税税款；（2）税收滞纳金；（3）罚金、罚款和被没收财物的损失；（4）不符合扣除规定的捐赠支出；（5）赞助支出；（6）用于个人和家庭的支出；（7）与取得生产经营收入无关的其他支出；（8）个体工商户代其从业人员或者他人负担的税款；（9）国家税务总局规定不准扣除的支出。

205.【答案】CD 【解析】选项 A，个体工商户对外投资取得的股息按照"利息、股息、红利所得"计税；选项 B，出租汽车经营单位对受雇出租车驾驶员采取单车承包的方式运营，出租车驾驶员从事客货营运取得的收入，按照"工资、薪金所得"计税。

206.【答案】× 【解析】根据企业所得税法律制度的规定，在中国境内未设立机构、场所的非居民企业从中国境内取得的转让财产所得，应以收入全额减除财产净值后的余额为应税所得额。

207.【答案】× 【解析】自 2019 年 6 月 1 日起至 2025 年 12 月 31 日，城市社区和农村社区提供养老、托育、家政等服务的机构，提供社区养老、托育、家政服务取得的收入，在计算应纳税所得额时，减按 90% 计入收入总额。

208.【答案】× 【解析】企业在筹建期间，发生的广告费和业务宣传费，可按实际发生额计入企业筹办费，并按有关规定在税前扣除。

209.【答案】× 【解析】个体工商户实际支付给从业人员的、合理的工资薪金支出，准予扣除。个体工商户业主的工资薪金支出不得税前扣除。

210.【答案】× 【解析】2027 年 12 月 31 日前，居民个人取得股票期权、股票增值权、限制性股票、股权奖励等股权激励，符合规定的相关条件的，不并入当年综合所得，全额单独适用综合所得税率表，计算纳税。

211.【答案】√ 【解析】该表述符合法律规定。

212.【答案】× 【解析】2027 年 12 月 31 日前，外籍个人符合居民个人条件的，可以选择享受个人所得税专项附加扣除，也可以选择按照相关规定，享受住房补贴、语言训练费、子女教育费等津补贴免税优惠政策，但不得同时享受。外籍个人一经选择，在一个纳税年度内不得变更。

刷提高

213.【答案】B 【解析】选项 A、D，利息所得、租金所得、特许权使用费所得，按照负担、支付所得的企业或者机构、场所所在地确定，或者按照负担、支付所得的个人的住所地确定。选项 C，权益性投资资产转让所得，按照被投资企业所在地确定。

214.【答案】A 【解析】选项 B，非营利组织从事非营利性活动取得的收入为免税收入。选项 C，企业投资者转让创新企业 CDR 取得的差价所得，按规定缴纳企业所得税。选项 D 正常征税。

215.【答案】B 【解析】无形资产的摊销年限不得低于 10 年；作为投资或者受让的无形资产，有关法律规定或者合同约定了使用年限的，可以按照规定或者约定的使用年限分期摊销。应摊销的费用 = 600 ÷ 6 + 500 ÷ 10 = 150（万元）。

216.【答案】D 【解析】对个人转让限售股取得的所得，按照"财产转让所得"项目适用 20% 的比例税率征收个人所得税。以每次限售股转让收入，减除限售股原值和合理税费后的余额为应纳税所得额。方某转让境内上市公司限售股应缴纳的个人所得税 =（100 - 80 - 5）× 20% = 3（万元）。

217.【答案】C 【解析】甲当月应缴纳的个人所得税 =（20 000 - 6 000 - 800）×（1 - 20%）× 10% = 1 056（元）。

218.【答案】B 【解析】本期应预扣预缴税额 =（累计预扣预缴应纳税所得额 × 预扣率 - 速算扣除数）- 累计已预扣预缴税额，累计预扣预缴应纳税所得额 = 累计收入 - 累计免税收入 - 累计减除费用 - 累计专项扣除 - 累计专项附加扣除 - 累计依法确定的其他扣除，选项 B 符合。

219.【答案】ABCD 【解析】2027 年 12 月 31 日前，对中国保险保障基金有限责任公司根据《保险保障基金管理办法》取得的下列收入，免征企业所得税：（1）境内保险公司依法缴纳的保险保障基金。（2）依法从撤销或破产保险公司清算财产中获得的受偿收入和向有关责任方追偿所得，以及依法从保险公司风险处置中获得的财产转让所得（选项 C）。（3）接受捐赠收入（选项 A）。（4）银行存款利息收入（选项 B）。（5）购买政府债券、中央银行、中央企业和中央级金融机构发行债券的利息收入（选项 D）。（6）国务院批准的其他资金运用取得的收入。

220. 【答案】ACD 【解析】选项 A，企业之间支付的管理费、企业内营业机构之间支付的租金和特许权使用费，以及非银行企业内营业机构之间支付的利息，不得扣除。选项 C，除委托个人代理外，企业以现金等非转账方式支付的手续费及佣金不得在税前扣除。选项 D，直接捐赠的资金不得在税前扣除。

221. 【答案】BCD 【解析】选项 A，商品销售涉及商业折扣，应当按照扣除商业折扣后的金额确定销售商品收入金额。

222. 【答案】AD 【解析】选项 B，林木类生产性生物资产折旧年限最低为 10 年。选项 C，电子设备的最低折旧年限为 3 年。

223. 【答案】B 【解析】根据企业所得税法的规定，企业按规定为员工缴纳的社会保险费准予扣除（选项 A）；分别不超过职工工资总额 5% 标准内的补充养老保险和补充医疗保险准予扣除（选项 D）；为特殊工种职工支付的人身安全保险费可以扣除（选项 C）；企业为投资者或者职工支付的商业保险费不得扣除。

224. 【答案】× 【解析】2027 年 12 月 31 日前，对保险公司为种植业、养殖业提供保险业务取得的保费收入，在计算应纳税所得额时，按 90% 计入收入总额。保费收入，是指原保险保费收入加上分保费收入减去分出保费后的余额。

225. 【答案】× 【解析】在中国境内未设立机构、场所的，或者虽设立机构、场所但取得的所得与其所设机构、场所没有实际联系的非居民企业，以扣缴义务人所在地为纳税地点。

226. (1)【答案】BD 【解析】企业职工工会经费按照不超过工资、薪金总额 2% 的部分准予扣除，超过部分不得扣除。可以扣除的额度 = 540 × 2% = 10.8（万元）。

(2)【答案】AC 【解析】企业职工福利费按照不超过工资、薪金总额 14% 的部分准予扣除，超过部分不得扣除。据此计算该企业职工福利费的扣除额 = 540 × 14% = 75.6（万元），实际发生额为 70 万元没有超过标准，可以按照实际发生额全额扣除。

(3)【答案】AD 【解析】职工教育经费按照不超过工资、薪金总额 8% 的部分准予扣除，超过的部分准予在以后纳税年度结转扣除；据此，该企业可以扣除的职工教育经费 = 540 × 8% = 43.2（万元），实际发生额为 16 万元，没有超过标准，可以按照实际发生额全额扣除。

(4)【答案】C 【解析】工会经费扣除额 = 540 × 2% = 10.8（万元）；实际发生 15 万元，调增所得额 4.2 万元。职工福利费扣除标准 = 540 × 14% = 75.6（万元），实际发生 70 万元，没有超过标准全额扣除。职工教育经费扣除额 = 540 × 8% = 43.2（万元），实际发生额 16 万元，没有超过标准，可以全额扣除。总计调增 4.2 万元。

227. (1)【答案】AB 【解析】根据规定，基本工资 12 000 元，加班工资 1 000 元，需要按照"工资、薪金所得"缴纳个人所得税。独生子女费补贴 200 元，差旅费津贴 1 800 元，误餐补助 500 元不缴纳个人所得税。

（2）【答案】BCD 【解析】国债利息收入免征个人所得税。

（3）【答案】D 【解析】根据规定，出租住房适用10%的税率；收入小于4 000元时，可以扣除800元的费用；收入大于4 000元时，可以扣除20%的费用；实际发生的房屋修理费可以扣除，但是每月最多扣800元。张某出租居住用房需要缴纳的个人所得税是190元〔（3 500 - 800 - 800）×10%〕。

（4）【答案】B 【解析】根据规定，个人将其所得对教育、扶贫、济困等公益慈善事业进行捐赠，捐赠额未超过纳税人申报的应纳税所得额30%的部分，可以从其应纳税所得额中扣除。张某购买彩票所得20 000元，超过1万元，应全额征收个人所得税。捐赠扣除限额是6 000元（20 000×30%），应纳税额是2 800元〔（20 000 - 6 000）×20%〕。

228.（1）【答案】ABC 【解析】选项D，国债利息收入属于免税收入，不计入企业所得税应纳税所得额。

（2）【答案】ACD 【解析】选项B，银行加息属于非行政性罚款，准予在税前扣除。

（3）【答案】C 【解析】福利费扣除限额 = 1 000×14% = 140（万元），实际发生150万元，应纳税调增10万元。工会经费扣除限额 = 1 000×2% = 20（万元），实际发生25万元，应纳税调增5万元。职工教育经费扣除限额 = 1 000×8% = 80（万元），未超过限额，无须纳税调整。所以三项经费合计纳税调整额 = 10 + 5 = 15（万元）。

（4）【答案】C 【解析】甲公司2023年度企业所得税应纳税所得额 = 5 000（产品销售收入）+ 40（出租库房收入）+ 2（包装物押金收入）- 3 600（发生的总成本、费用、税金）+（3 + 30 + 17）（不得扣除项目）+ 15（三费调增）= 1 507（万元）。

刷易错

229.【答案】C 【解析】（1）3岁以下婴幼儿照护、子女教育专项附加扣除：均可以扣除2 000元/月，共扣除4 000元/月（2 000 + 2 000）。（2）赡养老人专项附加扣除：被赡养人是指年满60周岁的父母，以及"子女均已去世"的年满60周岁的祖父母外祖父母；按照扣除标准3 000元/月来扣除。（3）张某每月可享受的个人所得税专项附加扣除总金额 = 4 000 + 3 000 = 7 000（元）。

230.【答案】CD 【解析】选项A，个人转让自用达5年以上并且是唯一的家庭生活用房取得的所得，暂免征收个人所得税。选项B，残疾、孤老人员和烈属所得，属于减税项目。

231.【答案】× 【解析】企业根据国家有关政策规定，为在本企业任职或者受雇的全体员工支付的补充养老保险费、补充医疗保险费，分别在不超过职工工资总额5%标准内的部分，在计算应纳税所得额时准予扣除；超过的部分，不予扣除，本题表述为"总额",故不正确。

232. (1)【答案】ABC 【解析】国债利息收入属于免税收入,不计入企业所得税应纳税所得额。转让机器设备收入、产品销售收入、违约金收入均应计入企业所得税应纳税所得额。

(2)【答案】ACD 【解析】税收滞纳金、企业之间支付的管理费、企业内营业机构之间支付的租金和特许权使用费,以及非银行企业内营业机构之间支付的利息,向投资者支付的股息、红利等权益性投资收益款项不得扣除;银行加息属于非行政性罚款,准予在税前扣除。

(3)【答案】D 【解析】在计算企业所得税应纳税所得额时,业务招待费支出按发生额的 60% 扣除,但是最高不得超出当年销售(营业)收入的 5‰。转让机器设备收入属于营业外收入,不计入计算的基数:5 000 × 5‰ = 25(万元),50 × 60% = 30(万元),因此,业务招待费允许扣除 25 万元。

(4)【答案】C 【解析】甲公司 2023 年度企业所得税应纳税所得额 = 5 000(产品销售收入)+ 40(销售机器设备收入)+ 2(合同违约金收入)- 10(银行加息)- 25(业务招待费)- 2 600(其他允许扣除的成本、费用、税金)= 2 407(万元)。

233. (1)【答案】A 【解析】选项 A,专项扣除,包括居民个人按照国家规定的范围和标准缴纳的基本养老保险、基本医疗保险、失业保险等社会保险费和住房公积金等。选项 B、C、D,属于专项附加扣除项。

(2)【答案】AD 【解析】选项 A、B,劳务报酬所得是指个人独立从事某种技艺,独立提供某种劳务而取得的报酬,一般不存在雇佣关系。选项 C、D,劳务报酬所得、稿酬所得、特许权使用费所得每次收入不超过 4 000 元的,减除费用按 800 元计算;每次收入 4 000 元以上的,减除费用按 20% 计算。稿酬所得的收入额减按 70% 计算。

(3)【答案】B 【解析】劳务报酬所得、稿酬所得、特许权使用费所得以收入减除 20% 的费用后的余额为收入额;稿酬所得的收入额减按 70% 计算。培训教材虽然是甲与大学同学丁两人共同完成,但稿酬收入是个人取得的。

(4)【答案】ABD 【解析】选项 C 应按照"偶然所得"项目缴纳个人所得税。

刷通关

234. 【答案】D 【解析】选项 D,企业发生的符合条件的广告费和业务宣传费支出,除国务院财政、税务主管部门另有规定外,不超过当年销售(营业)收入 15% 的部分,准予扣除;超过部分,准予在以后纳税年度结转扣除。题目中广告费扣除限额 = 5 000 × 15% = 750(万元),小于实际发生额 800 万元,因此 2023 年可扣除 750 万元。

235. 【答案】C 【解析】会计上,应当自 10 月起计算折旧,本年度共计算 3 个月的折旧费用，折旧额 = 100 ÷ 10 × 3 ÷ 12 = 2.5（万元），已计入当期损益扣除；税法上对此选择一次性扣除 100 万元，所以税会产生差异（税法上扣得更多），应纳税调减 = 100 − 2.5 = 97.5（万元）。

236.【答案】C 【解析】选项 A、D，不属于工资、薪金性质的补贴、津贴，不征收个人所得税。选项 B，免征个人所得税。选项 C，退休人员再任职取得的收入，在减除按税法规定的费用扣除标准后，按工资、薪金所得应税项目缴纳个人所得税。

237.【答案】D 【解析】稿酬所得的收入额减按 70% 计算，以收入减除 20% 的费用后的余额为收入额计入综合所得。预扣预缴应纳税所得额 = 20 000 × (1 − 20%) × 70% = 11 200（元）。

238.【答案】CD 【解析】投资资产，是指企业对外进行权益性投资和债权性投资形成的资产。企业对外投资期间，投资资产的成本在计算应纳税所得额时不得扣除。企业在转让或者处置投资资产时，投资资产的成本，准予扣除。投资资产按照以下方式确定成本：(1) 通过支付现金方式取得的投资资产，以购买价款为成本；(2) 通过支付现金以外的方式取得的投资资产，以该资产的公允价值和支付的相关税费为成本。

239.【答案】CD 【解析】选项 A、B，按照"工资、薪金所得"项目计征个人所得税。

240.【答案】× 【解析】单位以误餐补助名义发给职工的补助、津贴不包括在内，应当并入当月工资、薪金所得计征个人所得税。执行公务员工资制度未纳入基本工资总额的补贴、津贴差额和家属成员的副食补贴；差旅费津贴、误餐补助，不属于工资、薪金性质的补贴、津贴，不予征收个人所得税。

241. (1)【答案】B 【解析】国债利息收入是免税收入。

(2)【答案】D 【解析】①6%、10% 是年利率，借款期限是 6 个月。②向金融机构借款的利息支出据实扣除；③向非金融企业借款年利率 10% 明显超过金融企业同期同类贷款利率，税前按限额扣除，应使用 6% 计算。

(3)【答案】ABD 【解析】选项 A，是企业补充养老、补充医疗保险费的扣除规定。选项 B，是企业业务招待费的扣除规定。企业参加财产保险，按照规定缴纳的保险费，准予扣除。

(4)【答案】A 【解析】企业当年发生以及以前年度结转的公益性捐赠支出，不超过年度利润总额 12% 的部分，在计算应纳税所得额时准予扣除；超过年度利润总额 12% 的部分，准予结转以后 3 年内在计算应纳税所得额时扣除。甲公司扣除限额 = 750 × 12% = 90（万元），实际发生的公益性捐赠支出 100 万元超过限额，超过的部分当年不得扣除。

242. (1)【答案】ABC 【解析】选项 D，个体工商户业主本人缴纳的补充养老保险费、补充医疗保险费，以当地（地级市）上年度社会平均工资的 3 倍为计算基数，分别在不超过该计算基数 5% 标准内的部分据实扣除；超过部分，不得扣除。

(2)【答案】A 【解析】个人持有从公开发行和转让市场取得的上市公司股票而取得的股息、红利，持股期限在 1 个月以上至 1 年（含 1 年）的，暂减按 50% 计入应纳税所得额，适用 20% 的税率计征个人所得税。该股息所得应缴纳个人所得税 = $1.9 \times 50\% \times 20\% = 0.19$（万元）。

(3)【答案】C 【解析】个体工商户生产经营活动中，应当分别核算生产经营费用和个人、家庭费用。对于生产经营与个人、家庭生活混用难以分清的费用，其 40% 视为与生产经营有关的费用，准予扣除。

(4)【答案】ABC 【解析】选项 D，个体工商户研究开发新产品、新技术、新工艺所发生的开发费用，以及研究开发新产品、新技术而购置单台价值在 10 万元以下的测试仪器和试验性装置的购置费准予直接扣除；单台价值在 10 万元以上（含 10 万元）的测试仪器和试验性装置，按固定资产管理，不得在当期直接扣除。

243. (1)【答案】B 【解析】财产转让所得应纳税额 =（不含增值税的收入总额 – 财产原值 – 合理费用）$\times 20\%$ = $[945\,000 \div (1 + 5\%) - 840\,000 - 5\,000] \times 20\%$ = $11\,000$（元）。

(2)【答案】A 【解析】个人将购买不足 2 年的住房对外销售的，按照 5% 的征收率全额缴纳增值税。梁某 1 月转让住房应缴纳增值税税额 = $945\,000 \div (1 + 5\%) \times 5\% = 45\,000$（元）。

(3)【答案】ABD 【解析】①选项 B，企业在向个人销售商品和提供服务的同时给予赠品，不征收个人所得税；②选项 C，省级人民政府（不包括区县级）颁发的科学、教育、技术、文化、卫生、体育、环境保护等方面的奖金，免征个人所得税；③选项 D，个人转让境内上市公司股票，暂不征收个人所得税。

(4)【答案】C 【解析】①全年收入额 = $190\,000 + 8\,000 \times (1 - 20\%) + 5\,000 \times (1 - 20\%) \times 70\% = 199\,200$（元）；②应纳税所得额 = $199\,200 -$ 费用 $60\,000 -$ 专项扣除 $40\,000 = 99\,200$（元）；③应纳税额 = $99\,200 \times 10\% - 2\,520 = 7\,400$（元）。

第六章　财产和行为税法律制度

244. **【答案】C** **【解析】**对企事业单位、社会团体以及其他组织按市场价格向个人出租用于居住的住房，减按4%的税率计征房产税。该保险公司2023年应缴纳房产税＝60×4%×12＝28.80（万元）。

245. **【答案】D** **【解析】**选项A，股权不属于契税的征税范围。选项B，契税纳税人为承受方，转让方不缴纳契税。选项C，土地、房屋典当、分拆（分割）抵押以及出租等行为，不属于契税的征税范围。

246. **【答案】A** **【解析】**选项A，耕地占用税的征税范围包括纳税人为建设建筑物、构筑物或从事其他非农业建设而占用的国家所有和集体所有的耕地。选项B，农业科研基地；选项C，森林病虫害防治检疫的设施；选项D，储存农用机具的仓储设施，属于建设直接为农业生产服务的生产设施占用上述农用地的，不缴纳耕地占用税。

247. **【答案】A** **【解析】**选项A，挂车按照货车税额的50%计算车船税。选项B、C、D，免征车船税。

248. **【答案】C** **【解析】**根据资源税纳税人的规定，在我国领域和管辖的其他海域开发应税矿产品的单位和个人征收资源税；选项A，进口资源产品不征收资源税；选项B，购买相关资源不缴纳资源税；选项D，纳税人开采或者生产应税产品自用的，视同销售，应当按规定缴纳资源税。但是，自用于连续生产应税产品的，不缴纳资源税。

249. **【答案】A** **【解析】**夫妻因离婚分割共同财产发生土地、房屋权属变更的，免征契税。其他临时免税的还有城镇职工按规定第一次购买公有住房的，免征契税。外国银行分行按规定改制为外商独资银行（或其分行），改制后的外商独资银行（或其分行）承受原外国银行分行的房屋权属的，免征契税。另外还有企业改制、事业单位改制、公司合并、公司分立、资金划转、债券转股权、划拨用地出让或作价出资、公司股权（股份）转让。

250. **【答案】C** **【解析】**对企事业单位、社会团体以及其他组织按市场价格向个人出租用于居住的住房，减按4%的税率计征房产税。该金属公司2023年应缴纳房产税＝80×4%×12＝38.4（万元）。

251. **【答案】BCD** **【解析】**选项B，纳税人对原有房屋进行改建、扩建的，应增加房屋的原值；选项 C、D，凡以房屋为载体，不可随意移动的附属设备和配套设施，如给排水、采暖、消防、中央空调、电气及智能化楼宇设备等，无论在会计核算中是否单独记账与核算，都应计入房产原值，计征房产税；对于附属设备和配套设施中易损坏、需要经常更换的零配件，更新后不再计入房产原值。

252.【答案】ABC　【解析】选项 D，土地增值税只对转让国有土地使用权的行为征税，对出让国有土地的行为不征税。土地增值税既对转让国有土地使用权的行为征税，也对转让地上建筑物及其他附着物产权的行为征税。

253.【答案】ABC　【解析】选项 A，纳税人新征用的非耕地，自批准征用次月起缴纳城镇土地使用税；选项 B，纳税人新征用的土地，必须于批准新征用之日起 30 日内申报登记；选项 C，城镇土地使用税按年计算，分期缴纳。缴纳期限由省、自治区、直辖市人民政府确定（非市级人民政府）。

254.【答案】ABC　【解析】选项 D，车船税按年申报，分月计算，一次性缴纳。纳税年度为公历 1 月 1 日至 12 月 31 日。

255.【答案】AB　【解析】选项 C、D，不属于直接向环境排放污染物，不缴纳相应污染物的环境保护税。

256.【答案】ABC　【解析】选项 D，对企事业单位、社会团体以及其他组织转让旧房作为改造安置住房房源，且增值额未超过扣除项目金额 20% 的，免征土地增值税。

257.【答案】BCD　【解析】选项 B、C、D，按照当地适用税额缴纳耕地占用税。

刷提高

258.【答案】A　【解析】以自有房产作股投入本人独资经营企业，免纳契税；房产互换，秦某收取差价，秦某不用缴纳契税，由对方以支付的差价作为计税依据缴纳契税。秦某应缴纳契税 $= 200 \times 4\% = 8$（万元）。

259.【答案】A　【解析】选项 B、C、D，免征城镇土地使用税。

260.【答案】B　【解析】应税固体废物的环境保护税应纳税额 = 固体废物排放量 × 具体适用税额。该企业生产中产生的固体废物 300 吨，其中包含了在符合国家和地方环境保护标准的设施贮存 30 吨，不缴纳环境保护税；以及综合利用的固体废物，符合国家和地方环境保护标准的 90 吨，暂予免征环境保护税。所以该煤矿生产企业的计税依据 $= 300 - 30 - 90 = 180$（吨）。应纳环境保护税 $= 180 \times 25 = 4\ 500$（元）。

261.【答案】D　【解析】通过招标、拍卖、挂牌方式取得的建设用地，从合同约定交付土地时间的"次月"起缴纳城镇土地使用税。应纳税额 $= 6\ 000 \times 4 \times 6 \div 12 = 12\ 000$（元）。

262.【答案】C　【解析】选项 C，纳税人以自采原矿洗选加工为选矿产品销售，或者将选矿产品自用于应当缴纳资源税情形的，按照选矿产品计征资源税，在原矿移送环节不缴纳资源税。

263. 【答案】ABC 【解析】选项 D，纳税人应自纳税义务发生之日起 30 日内申报纳税。

264. 【答案】ABD 【解析】选项 C，公园内附设的营业单位，应征收房产税。

265. 【答案】CD 【解析】选项 C，单位或个人购置电动摩托车不缴纳车船税。选项 D，悬挂应急救援专用号牌的国家综合性消防救援车辆免征车船税。

266. 【答案】√ 【解析】该表述符合法律规定。

267. 【答案】× 【解析】订立、领受在中国境内具有法律效力的应税凭证（合同、账簿、书据等）的单位和个人，为印花税的纳税人，应当依法缴纳印花税。土地、房屋权属未发生转移的，不征收契税。

268. 【答案】× 【解析】依法设立的城乡污水集中处理、生活垃圾集中处理场所超过国家和地方规定的排放标准向环境排放应税污染物的，应当缴纳环境保护税。

刷易错

269. 【答案】A 【解析】选项 B，对房地产开发企业建造的商品房，在出售前不征收房产税；但对出售前房地产开发企业已使用或出租、出借的商品房应按规定征收房产税。选项 C，经有关部门鉴定，对毁损不堪居住的房屋和危险房屋，在停止使用后，可免征房产税。选项 D，公园、名胜古迹中附设的营业单位，如影剧院、饮食部、茶社、照相馆等所使用的房产及出租的房产，应征收房产税。

270. 【答案】D 【解析】选项 A、B，免征契税。选项 C，不属于契税的征税范围。

刷通关

271. 【答案】C 【解析】财政部、国家税务总局对扣除项目金额中利息支出的计算问题做了两点专门规定：一是利息的上浮幅度按国家的有关规定执行，超过上浮幅度的部分不允许扣除；二是对于超过贷款期限的利息部分和加罚的利息不允许扣除。

272. 【答案】A 【解析】选项 A，未按期兑现合同亦应贴花。选项 B，借款合同，包括银行及其他金融组织和借款人（不包括银行同业拆借）所签订的借款合同。选项 C，无息贷款合同免征印花税。选项 D，电网与用户之间签订的供用电合同不征印花税。

273. 【答案】ABC 【解析】选项 D，在人均耕地低于 0.5 亩的地区，省、自治区、直辖市可以根据当地经济发展情况，适当提高耕地占用税的适用税额，但提高的部分不得超过税法规定适用税额的 50%。

274.【答案】ABD　【解析】选项 C，对节约能源车船，减半征收车船税。

275.【答案】×　【解析】为避免对一块土地同时征收耕地占用税和城镇土地使用税，凡是缴纳了耕地占用税的，从批准征用之日起满 1 年后征收城镇土地使用税。

276.【答案】√　【解析】契税的计税依据不含增值税。土地使用权出售、房屋买卖，其计税价格为成交价格。甲公司购入写字楼应缴纳契税 = 2 000 × 3% = 60（万元）。

277.【答案】√　【解析】房地产开发企业将开发产品用于职工福利、奖励、对外投资、分配给股东或投资人、抵偿债务、换取其他单位和个人的非货币性资产等，发生所有权转移时应视同销售房地产，缴纳土地增值税。

278.【答案】√　【解析】一份合同或应税凭证由两方或两方以上当事人共同签订，签订合同或应税凭证的各方都是纳税人，应各就其所持合同或应税凭证的计税金额履行纳税义务。

第七章　税收征管法律制度

刷基础

279. 【答案】B　【解析】海关主要负责下列税种的征收和管理：（1）关税；（2）船舶吨税；（3）海关代征的进口环节的增值税、消费税。

280. 【答案】D　【解析】选项A、B，企业（并无是否具有法人资格之要求），企业在外地设立的分支机构和从事生产、经营的场所，个体工商户和从事生产、经营的事业单位，都应当办理税务登记（统称从事生产、经营的纳税人）。选项C，纳税人到外县（市）临时从事生产经营活动的，应当在外出生产经营以前，持税务登记证到主管税务机关开具《外出经营活动税收管理证明》。

281. 【答案】D　【解析】选项A，实行定期定额缴纳税款的纳税人，可以实行简易申报、简并征期等方式申报纳税。选项B，自行申报也称直接申报，是指纳税人、扣缴义务人在规定的申报期限内，自行直接到主管税务机关指定的办税服务场所办理纳税申报手续。这是一种传统的申报方式。选项C，邮寄申报以寄出的邮戳日期为实际申报日期。

282. 【答案】C　【解析】选项C，开具纸质发票应当加盖发票专用章。

283. 【答案】B　【解析】选项B，对采用普通流程申请注销的纳税人，未办理过涉税事宜且主动到税务机关办理清税的，税务机关可根据纳税人提供的营业执照即时出具清税文书。

284. 【答案】AB　【解析】纳税人未按照规定期限缴纳税款的，扣缴义务人未按照规定期限解缴税款的，税务机关可责令限期缴纳，并从滞纳税款之日起，按日加收滞纳税款万分之五的滞纳金。逾期仍未缴纳的，税务机关可以采取税收强制执行措施。

285. 【答案】ABD　【解析】选项C，是纳税主体的权利。

286. 【答案】ABC　【解析】选项A、B、C，纳税人发生解散、破产、撤销以及其他情形，依法终止纳税义务的，纳税人被市场监管部门吊销营业执照或者被其他机关予以撤销登记的；纳税人因住所、经营地点变动，涉及改变税务登记机关的；境外企业在中国境内承包建筑、安装、装配、勘探工程和提供劳务的，项目完工、离开中国的。选项D，停业属于停业登记。

287. 【答案】×　【解析】已认定为非正常户的纳税人，就其逾期未申报行为接受处罚、缴纳罚款，并补办纳税申报的，税收征管系统自动解除非正常状态，无需纳税人专门申请解除。

288.【答案】× 【解析】纳税人因有特殊困难，不能按期缴纳税款的，经省、自治区、直辖市税务局批准，可以延期缴纳税款（最长不得超过 3 个月）。这里的特殊困难是指因不可抗力，导致纳税人发生较大损失，正常生产经营活动受到较大影响的；当期货币资金在扣除应付职工工资、社会保险费后，不足以缴纳税款的。本题不属于"不可抗力"。

289.【答案】√ 【解析】纳税人对征税行为不服的，应当先向复议机关申请行政复议，对行政复议决定不服的，可以向人民法院提起行政诉讼。

290.【答案】√ 【解析】生产、经营规模小又确无建账能力的纳税人，可以聘请经批准从事会计代理记账业务的专业机构或者财会人员代为建账和办理账务。

291.【答案】× 【解析】纳税人已经开具的发票存根联和发票登记簿，应当保存 5 年。保存期满，报经税务机关查验后销毁。

刷提高

292.【答案】C 【解析】每一年度欠税应加收的滞纳金＝欠税金额×滞纳天数×0.05%。甲公司应当在 4 月 18 日缴纳税款，从 4 月 19 日开始计算滞纳金，截至 6 月 17 日，共 60（12＋31＋17）天。

293.【答案】D 【解析】选项 D，对纳税人、扣缴义务人、纳税担保人应缴纳的欠税，税务机关可责令其限期缴纳。逾期仍未缴纳的，税务机关可以采取税收强制执行措施。

294.【答案】D 【解析】选项 A 是行政责任的形式。选项 B 是税款的征收方式。选项 C 是税收强制执行措施。

295.【答案】B 【解析】根据规定，税务行政复议决定书一经送达，即发生法律效力。

296.【答案】ACD 【解析】符合容缺即时办理条件的纳税人，在办理税务注销时，资料齐全的，税务部门即时出具清税文书；若资料不齐，可在作出承诺后，税务部门即时出具清税文书。纳税人应按承诺的时限补齐资料并办结相关事项。具体容缺条件有二：一是办理过涉税事宜但未领用发票（含代开发票）、无欠税（滞纳金）及罚款的纳税人，主动到税务部门办理清税的；二是未处于税务检查状态、无欠税（滞纳金）及罚款、已缴销增值税专用发票及税控设备，且符合下列情形之一的纳税人：纳税信用级别为 A 级和 B 级的纳税人；控股母公司纳税信用级别为 A 级的 M 级纳税人；省级人民政府引进人才或经省级以上行业协会等机构认定的行业领军人才等创办的企业；未纳入纳税信用级别评价的定期定额个体工商户；未达到增值税纳税起征点的纳税人。

297.【答案】ACD 【解析】选项 A、C、D，企业，企业在外地设立的分支机构和从事生产、经营的场所，个体工商户和从事生产、经营的事业单位（以下统称从事生产、经营的纳税人），向生产、经营所在地税务机关申报办理税务登记。选项D，上述规定以外的其他纳税人，除国家机关、个人和无固定生产、经营场所的流动性农村小商贩外，也应当办理税务登记。

298. 【答案】× 【解析】生产经营规模较小、产品零星、税源分散、会计账册不健全，但能控制原材料或进销货的小型厂矿和作坊的税款征收方式适用查定征收。

299. 【答案】√ 【解析】企业，企业在外地设立的分支机构和从事生产、经营的场所，个体工商户和从事生产、经营的事业单位，都应当办理税务登记（以下统称从事生产、经营的纳税人），小商贩除外。

300. 【答案】√ 【解析】申请人对征税行为不服，申请行政复议的，必须依照税务机关根据法律、行政法规确定的税额、期限，先行缴纳或者解缴税款及滞纳金，或者提供相应的担保，方可在实际缴清税款和滞纳金后或者所提供的担保得到作出具体行政行为的税务机关确认之日起60日内提出行政复议申请。

刷易错

301. 【答案】B 【解析】选项A、B，税务机关不予批准的延期纳税，从缴纳税款期限届满次日起加收滞纳金。经批准的延期纳税，在批准的延期期限内免予加收滞纳金。注意区分是否经过批准，其相应的处理不同。选项C、D，纳税人因特殊困难不能按期缴纳税款的，经省、自治区、直辖市税务局批准，可延期缴纳税款，但最长不得超过3个月，注意审批的级次，必须得经过省级税务局批准才可以。

302. 【答案】AB 【解析】选项A，因税务机关的责任，致使纳税人、扣缴义务人未缴或者少缴税款的，税务机关在3年内可以要求纳税人、扣缴义务人补缴税款，但是不得加收滞纳金。选项B，因纳税人、扣缴义务人计算错误等失误，未缴或者少缴税款的，税务机关在3年内可以追征税款、滞纳金；有特殊情况的，追征期可以延长到5年。

303. 【答案】√ 【解析】纳税人临时到本省、自治区、直辖市以外从事经营活动的单位或个人，应当凭所在地税务机关的证明，向经营地税务机关领用经营地的发票。

刷通关

304. 【答案】C 【解析】选项C，主管税务机关根据领用单位和个人的经营范围、规模和风险等级，应在5个工作日内确认领用发票的种类、数量以及领用方式。

305. 【答案】B 【解析】选项B，属于征税行为，对征税行为不服的，应当先向行政复议机关申请行政复议；对行政复议决定不服的，可以向人民法院提起行政诉讼。选项 A、C、D，不属于征税行为，对非征税行为不服的，可以向行政复议机关申请行政复议，也可以直接向人民法院提起行政诉讼。

306.【答案】ACD 【解析】税务机关有权采取"核定征收"方式征税主要涉及没有清楚的账簿记录，收入、支出项目金额不清等情况。纳税人发生纳税义务未按规定期限办理纳税申报，经税务机关责令限期申报，逾期仍不申报的，税务机关有权核定其应纳税额。

307.【答案】ABCD 【解析】申请人对税务机关下列行政行为不服的，可以提出行政复议申请：（1）征税行为；（2）行政许可、行政审批行为；（3）发票管理行为；（4）税收保全措施、强制执行措施；（5）行政处罚行为；（6）不依法履行下列职责的行为；（7）资格认定行为；（8）不依法确认纳税担保行为；（9）政府公开信息工作中的行政行为；（10）纳税信用等级评定行为；（11）通知出入境管理机关阻止出境行为；（12）其他行政行为。

308.【答案】√ 【解析】该表述符合法律规定。

309.【答案】× 【解析】对重大、复杂的案件，申请人提出要求或者行政复议机构认为必要时，可以采取听证的方式审理，但是涉及国家秘密、商业秘密或者个人隐私的除外。

第八章 劳动合同与社会保险法律制度

刷基础

310. 【答案】A 【解析】用人单位自用工之日起即与劳动者建立劳动关系。

311. 【答案】B 【解析】劳动合同期限1年以上不满3年的，试用期≤2个月；甲公司支付赔偿金=（已经履行的试用期期间－法定试用期的期间）×劳动者试用期满月工资=（3－2）×5 000＝5 000（元）。

312. 【答案】C 【解析】选项A、B、D，属于劳动合同的可备条款。除劳动合同必备条款外，用人单位与劳动者还可以在劳动合同中约定试用期、培训、保守秘密、补充保险和福利待遇等其他事项，称为可备条款。

313. 【答案】B 【解析】非全日制用工双方当事人可以订立口头合同。

314. 【答案】A 【解析】选项A，劳动者工作已满10年不满20年的，年休假10天。选项B，年休假在1个年度内可以集中安排，也可以分段安排，一般不跨年度安排。选项C，职工请事假累计20天以上且单位按照规定不扣工资的，不享受当年的年休假。选项D，国家法定休假日、休息日不计入年休假的假期。

315. 【答案】A 【解析】不定时工作制，也称无定时工作制、不定时工作日，是指没有固定工作时间限制的工作制度，主要适用于一些因工作性质或工作条件不受标准工作时间限制的工作岗位。

316. 【答案】A 【解析】选项B，无效劳动合同，从订立时起就没有法律约束力。选项C，劳动合同部分无效，不影响其他部分效力的，其他部分仍然有效。选项D，劳动合同虽然已经成立，但因违反了平等自愿、协商一致、诚实信用、公平等原则和法律、行政法规的强制性规定，可使其全部或者部分条款归于无效；合同双方当事人都有违反上述规定的可能，不仅限于用人单位。

317. 【答案】B 【解析】因劳动者本人原因给用人单位造成经济损失的，用人单位可以按照劳动合同的约定要求其赔偿经济损失。经济损失的赔偿，可从劳动者本人的工资中扣除，但每月扣除的部分不得超过劳动者当月工资的20%。若扣除后的剩余工资部分低于当地月最低工资标准，则按最低工资标准支付。

318. 【答案】D 【解析】选项A，《劳动合同法》没有禁止劳动者与用人单位约定服务期后不得离职解除劳动合同的规定。选项B、C、D，劳动者违反服务期约定的，应当按照约定向用人单位支付违约金。违约金的数额不得超过用人单位提供的培训费用。用人单位要求劳动者支付的违约金不得超过服务期尚未履行部分所应分摊的培训费用。

319. 【答案】D 【解析】选项 A，非全日制用工双方当事人可以订立口头协议。选项 B，非全日制用工双方当事人任何一方都可以随时通知对方终止用工。选项 C，从事非全日制用工的劳动者可以与一个或者一个以上用人单位订立劳动合同；但是，后订立的劳动合同不得影响先订立的劳动合同的履行。选项 D，非全日制用工小时计酬标准不得低于用人单位所在地人民政府规定的最低小时工资标准。

320. 【答案】BD 【解析】选项 B、D，参保人员符合基本医疗保险药品目录、诊疗项目、医疗服务设施标准以及急诊、抢救的医疗费用，按照国家规定从基本医疗保险基金中支付。

321. 【答案】BC 【解析】选项 B，禁止用人单位招用未满 16 周岁的未成年人。选项 C，用人单位免除自己的法定责任（缴纳社会保险是用人单位的法定责任）、排除劳动者权利的劳动合同是无效合同。

322. 【答案】ACD 【解析】选项 A，用人单位拖欠或者未足额支付劳动报酬的，劳动者可以依法向当地人民法院申请支付令，人民法院应当依法发出支付令。选项 B，用人单位发生合并或者分立等情况，原劳动合同继续有效，劳动合同由承继其权利和义务的用人单位继续履行。选项 C，劳动者拒绝用人单位管理人员违章指挥、强令冒险作业的，不视为违反劳动合同。选项 D，用人单位变更名称、法定代表人、主要负责人或者投资人等事项，不影响劳动合同的履行。

323. 【答案】ABC 【解析】选项 D，劳动者违反竞业限制约定，向用人单位支付违约金后，用人单位要求劳动者按照约定继续履行竞业限制义务的，人民法院应予支持。

324. 【答案】BC 【解析】选项 B，劳务派遣用工只能在临时性、辅助性或者替代性的工作岗位上实施。选项 C，用工单位应当严格控制劳务派遣用工数量，使用的被派遣劳动者数量不得超过其用工总量的 10%。

325. 【答案】BD 【解析】选项 A、B，经济补偿金是法定的，主要是针对劳动关系的解除和终止，在劳动者无过错的情况下，用人单位应给予劳动者一定数额的经济上的补偿。选项 C、D，赔偿金是用人单位和劳动者由于自己的过错给对方造成损害时，所应承担的不利的法律后果。

326. 【答案】× 【解析】用人单位依法安排劳动者在日标准工作时间以外延长工作时间的，按照不低于劳动合同规定的劳动者本人小时工资标准的 150% 支付劳动者工资（一般只给钱不补休）。用人单位依法安排劳动者在休息日工作，而又不能安排补休的，按照不低于劳动合同规定的劳动者本人日或小时工资标准的 200% 支付劳动者工资；用人单位依法安排劳动者在法定休假节日工作的，按照不低于劳动合同规定的劳动者本人日或小时工资标准的 300% 支付劳动者工资（一般只给钱不补休）。

327. 【答案】× 【解析】用人单位为劳动者提供专项培训费用，对其进行专业技术培训的，可以与该劳动者订立协议，约定服务期。劳动者违反服务期约定的，应当按照约定向用人单位支付违约金。违约金的数额不得超过用人单位提供的培训费用。用人单位要求劳动者支付的违约金不得超过服务期尚未履行部分所应分摊的培训费用。本题中，王某尚未履行的部分是 2 年，其支付的违约金应为 20 000 ÷ 5 × 2 = 8 000（元）。

328. 【答案】√　【解析】该表述符合法律规定。

329. 【答案】×　【解析】劳动争议先仲裁，对仲裁裁决不服的，可以依法向人民法院提起诉讼。

330. 【答案】√　【解析】该表述符合法律规定。

刷提高

331. 【答案】A　【解析】劳动者在试用期的工资不得低于本单位相同岗位最低档工资或者劳动合同约定工资的 80%（3 000 × 80% = 2 400），并不得低于用人单位所在地的最低工资标准（2 000 × 80% = 1 600）。

332. 【答案】D　【解析】用人单位未按照劳动合同约定提供劳动保护或者劳动条件的，劳动者解除劳动合同，不属于违反服务期的约定，用人单位不得要求劳动者支付违约金。

333. 【答案】C　【解析】在解除或者终止劳动合同后，竞业限制人员到与本单位生产或者经营同类产品、从事同类业务的有竞争关系的其他用人单位工作，或者自己开业生产或者经营同类产品、从事同类业务的竞业限制期限，不得超过 2 年。

334. 【答案】B　【解析】失业人员失业前用人单位和本人累计缴费满 1 年不足 5 年的，领取失业保险金的期限最长为 12 个月；累计缴费满 5 年不足 10 年的，领取失业保险金的期限最长为 18 个月；累计缴费 10 年以上的，领取失业保险金的期限最长为 24 个月。

335. 【答案】D　【解析】职工因下列情形之一导致本人在工作中伤亡的，不认定为工伤：(1) 故意犯罪；(2) 醉酒或者吸毒；(3) 自残或者自杀。

336. 【答案】BD　【解析】用人单位自用工之日起满 1 年未与劳动者订立书面劳动合同的，自用工之日起满 1 个月的次日至满 1 年的前一日应当向劳动者每月支付 2 倍的工资，并视为自用工之日起满 1 年的当日已经与劳动者订立无固定期限劳动合同，应当立即与劳动者补订书面劳动合同。

337. 【答案】BC　【解析】选项 A，劳动者在试用期内提前 3 日通知用人单位解除劳动合同的情形，劳动者不能获得经济补偿。选项 B，是经济性裁员，用人单位应当向劳动者支付经济补偿。选项 C，是竞业限制，用人单位在竞业限制期内应当按月给予劳动者经济补偿。选项 D，延长工时应当支付加班费，而不是经济补偿。

338. 【答案】CD　【解析】劳务派遣单位应当与被派遣劳动者订立 2 年以上的固定期限劳动合同，按月支付劳动报酬，选项 A 表述不正确。用工单位应当严格控制劳务派遣用工数量，使用的被派遣劳动者数量不得超过其用工总量的 10%。该用工总量是指用工单位订立劳动合同人数与使用的被派遣劳动者人数之和。用工单位正式员工为 100 人，则正式员工的比例不得少于 90%，即正式员工为 100 人，总员工的人数为 100÷90% =111（人），所以劳务派遣员工为 11 人。因此，使用劳务派遣人数不得超过 11 人，选项 B 表述不正确。

339.【答案】ABC 【解析】选项 D，为一裁终局的案件，仲裁裁决为终局裁决，裁决书自作出之日起发生法律效力。

340.【答案】√ 【解析】以完成一定工作任务为期限的劳动合同或者劳动合同期限不满 3 个月的，不得约定试用期。

341.【答案】√ 【解析】用人单位依法安排劳动者在法定休假节日（国庆节 10 月 1 日、10 月 2 日为法定节假日）工作的，按照不低于劳动合同规定的劳动者本人日或小时工资标准的 300% 支付劳动者工资。

342.【答案】√ 【解析】该表述符合法律规定。

343.【答案】× 【解析】医疗期是指企业职工因患病或非因工负伤停止工作，治病休息，但不得解除劳动合同的期限。

344.（1）【答案】BC 【解析】选项 A、B，在工作时间和工作岗位，突发疾病死亡或者在 48 小时内经抢救无效死亡的，视同工伤；突发心脏病入院治疗不属于视同工伤情形；选项 C，实际工作年限 10 年以下的，在本单位工作年限 5 年以下的医疗期为 3 个月；选项 D，停工留薪期属于工伤医疗待遇，李某的情况不可以享受工伤医疗待遇。

（2）【答案】B 【解析】个人养老账户月存储额 = 本人月缴费工资 ×8%。缴费工资基数，一般为职工本人上一年度月平均工资。2021 年李某月平均工资为 6 500 元，因此得出 6 500 ×8% =520（元）。

（3）【答案】ABC 【解析】选项 D，因工伤产生劳动能力鉴定费，按照国家规定从工伤保险基金中支付。

（4）【答案】C 【解析】根据劳动合同解除和终止的限制性规定的要求，在本单位患职业病或者因工负伤并被确认丧失或者部分丧失劳动能力的，用人单位既不适用无过失性辞退或者经济性裁员解除劳动合同的情形解除劳动合同，也不得终止劳动合同，劳动合同应当延续至相应的情形消失时终止。

345.（1）【答案】BD 【解析】用人单位设立的分支机构，依法取得营业执照或者登记证书的，可以作为用人单位与劳动者订立劳动合同。未依法取得营业执照或者登记证书的，受用人单位委托可以与劳动者订立劳动合同。

（2）【答案】ABC 【解析】加班的时间以及加班费的支付是由法律直接规定的，不得在劳动合同中约定。

（3）【答案】A 【解析】劳动合同期限 3 个月以上不满 1 年的，试用期不得超过 1 个月；劳动合同期限 1 年以上不满 3 年的，试用期不得超过 2 个月；3 年以上固定期限和无固定期限的劳动合同，试用期不得超过 6 个月。

(4)【答案】D 【解析】用人单位有下列情形之一的，由劳动行政部门责令限期支付劳动报酬、加班费；劳动报酬低于当地最低工资标准的，应当支付其差额部分；逾期不支付的，责令用人单位按应付金额50%以上100%以下的标准向劳动者加付赔偿金：①未按照劳动合同的约定或者国家规定及时足额支付劳动者劳动报酬的；②低于当地最低工资标准支付劳动者工资的；③安排加班不支付加班费的。

刷易错

346.【答案】A 【解析】劳动者非因本人原因从原用人单位被安排到新用人单位工作的，劳动者在原用人单位的工作年限合并计入新用人单位的工作年限。原用人单位已经向劳动者支付经济补偿的，新用人单位在依法解除、终止劳动合同计算支付经济补偿的工作年限时，不再计算劳动者在原用人单位的工作年限［25－15＝10（年）］。劳动者月工资高于用人单位所在直辖市、设区的市级人民政府公布的本地区上年度职工月平均工资3倍的，向其支付经济补偿金的标准按职工月平均工资3倍的数额支付，向其支付经济补偿金的年限最高不超过12年。应支付的补偿金＝3 000×3×10＝90 000（元）。

347.【答案】B 【解析】选项A，对某些患特殊疾病（如癌症、精神病、瘫痪等）的职工，在24个月内尚不能痊愈的，经企业和劳动主管部门批准，可以适当延长医疗期。选项B，病假工资或疾病救济费可以低于当地最低工资标准支付，但最低不能低于最低工资标准的80%。选项C，医疗期内，除劳动者有法定情形外，用人单位不得解除或终止劳动合同。不能从事原工作，也不能从事用人单位另行安排的工作，被解除劳动合同的，用人单位需按经济补偿规定给予其经济补偿。

348.【答案】C 【解析】个人扣除：8 000×2%＝160（元）存入医疗保险个人账户；单位缴费划入部分：8 000×6%×30%＝144（元）。合计每月的储存额＝160＋144＝304（元）。

349.【答案】ABD 【解析】选项C，治疗工伤期间的工资福利，按照国家规定由用人单位支付。

350.（1）【答案】B 【解析】职工累计工作已满10年不满20年的，年休假10天。
（2）【答案】ABC 【解析】劳动者同时与其他用人单位建立劳动关系，对完成本单位的工作任务造成严重影响，或者经用人单位提出，拒不改正的，用人单位可随时通知劳动者解除劳动关系，不需向劳动者支付经济补偿。
（3）【答案】AD 【解析】根据国家机关、国有企业、事业单位任用会计人员应当实行回避制度的规定，会计机构负责人、会计主管人员的直系亲属不得在本单位会计机构中担任出纳工作。需要回避的直系亲属为：夫妻关系、直系血亲关系、三代以内旁系血亲以及配偶亲关系。

（4）【答案】ABD 【解析】选项 A，劳动争议申请仲裁的时效期间为 1 年。仲裁时效期间从当事人知道或者应当知道其权利被侵害之日起计算。题目中乙公司 2022 年 5 月 5 日辞退李四，2022 年 10 月申请劳动仲裁，没有超过仲裁的时效期间。选项 B，被申请人收到仲裁申请书副本后，应当在 10 日内向仲裁委员会提交答辩书。选项 D，劳动争议仲裁不收费。仲裁委员会的经费由财政予以保障。

刷通关

351. 【答案】B 【解析】用人单位由于生产经营需要，经与工会和劳动者协商后可以延长工作时间，一般每日不得超过 1 小时；因特殊原因需要延长工作时间的，在保障劳动者身体健康的条件下延长工作时间，每日不得超过 3 小时，每月不得超过 36 小时。

352. 【答案】A 【解析】劳动报酬是指用人单位根据劳动者劳动的数量和质量，以货币形式支付给劳动者的工资。工资应当以法定货币支付，不得以实物及有价证券替代货币支付。

353. 【答案】A 【解析】按照现行政策，职工个人按照本人缴费工资的 8% 缴费，记入个人账户。缴费工资基数，一般为职工本人上一年度月平均工资（有条件的地区也可以本人上月工资收入为个人缴费工资基数）。张某个人每月应缴纳的基本养老保险费数额为 $700 \times 8\% = 560$（元）。

354. 【答案】C 【解析】劳务派遣是指由劳务派遣单位与劳动者订立劳动合同，与用工单位订立劳务派遣协议，将被派遣劳动者派往用工单位给付劳务。

355. 【答案】ABCD 【解析】四个选项均符合法律规定。

356. 【答案】AC 【解析】选项 A，劳动争议由劳动合同履行地或者用人单位所在地的仲裁委员会管辖。选项 B，劳动争议仲裁不收费。选项 C，下列劳动争议，除《调解仲裁法》另有规定外，仲裁裁决为终局裁决，裁决书自作出之日起发生法律效力：①追索劳动报酬、工伤医疗费、经济补偿或者赔偿金，不超过当地月最低工资标准 12 个月金额的争议。其中经济补偿包括《劳动合同法》规定的竞业限制期限内给予的经济补偿、解除或者终止劳动合同的经济补偿等；②因执行国家的劳动标准在工作时间、休息休假、社会保险等方面发生的争议。选项 D，劳动者（不包括用人单位）对劳动争议的终局裁决不服的，可以自收到仲裁裁决书之日起 15 日内向人民法院提起诉讼。

357. 【答案】ABCD 【解析】失业人员在领取失业保险金期间有下列情形之一的，应当停止领取失业保险金，并同时停止享受其他失业保险待遇：重新就业的；应征服兵役的；移居境外的；享受基本养老保险待遇的；被判刑收监执行的；无正当理由，拒不接受当地人民政府指定部门或者机构介绍的适当工作或者提供培训的；有法律、行政法规规定的其他情形的。

358.【答案】× 【解析】变更劳动合同未采用书面形式，但已经实际履行了口头变更的劳动合同超过1个月，且变更后的劳动合同内容不违反法律、行政法规、国家政策以及公序良俗，当事人以未采用书面形式为由主张劳动合同变更无效的，人民法院不予支持。

359.【答案】√ 【解析】用人单位应当自用工之日起30日内为其职工向社会保险经办机构申请办理社会保险登记。

360.（1）【答案】A 【解析】用人单位依法安排劳动者在法定休假节日工作的，按照不低于劳动合同规定的劳动者本人日或小时工资标准的300%支付劳动者工资。

（2）【答案】B 【解析】选项B，劳动争议申请仲裁的时效期间为1年。仲裁时效期间从当事人知道或者应当知道其权利被侵害之日起计算。劳动关系存续期间因拖欠劳动报酬发生争议的，劳动者申请仲裁不受1年仲裁时效期间的限制；但是，劳动关系终止的，应当自劳动关系终止之日起1年内提出。王某2021年5月当月办理了退休手续，2022年7月申请劳动仲裁已经超过了申请仲裁的时效期间。

（3）【答案】ABC 【解析】劳动者与用人单位因住房制度改革产生的公有住房转让纠纷不属于劳动争议。

（4）【答案】BCD 【解析】选项A，竞业限制的人员限于用人单位的高级管理人员、高级技术人员和其他负有保密义务的人员。选项B、C，用人单位可以在劳动合同或者保密协议中与劳动者约定竞业限制条款，并约定在解除或者终止劳动合同后，在竞业限制期限内按月给予劳动者经济补偿。劳动者违反竞业限制约定的，应当按照约定向用人单位支付违约金。选项D，在竞业限制期限内，用人单位请求解除竞业限制协议时，人民法院应予支持。在解除竞业限制协议时，劳动者请求用人单位额外支付劳动者3个月的竞业限制经济补偿的，人民法院应予支持。